UM BOM PROFESSOR FAZ TODA A DIFERENÇA

TAYLOR MALI

UM BOM PROFESSOR FAZ TODA A DIFERENÇA

SEXTANTE

Título original: *What Teachers Make*

tradução: Leila Couceiro
preparo de originais: Melissa Lopes Leite
revisão: Ana Grillo e Hermínia Totti
projeto gráfico e diagramação: Valéria Teixeira
capa: Miriam Lerner
foto de capa: Latinstock / Sung-Il Kim / Corbis (DC)
impressão e acabamento: Lis Gráfica e Editora Ltda.

CIP-BRASIL. CATALOGAÇÃO-NA-FONTE
SINDICATO NACIONAL DOS EDITORES DE LIVROS, RJ

M217b Mali, Taylor
Um bom professor faz toda a diferença / Taylor Mali [tradução de Leila Couceiro]; Rio de Janeiro: Sextante, 2013.
128 p.; 14x21 cm

Tradução de: What teachers make
ISBN 978-85-7542-880-1

1. Professores – Conduta. 2. Prática ensino. 3. Motivação na educação. 4. Rendimento escolar. I. Título.

CDD 371.1
12-8611 CDU 37.13

Rua Voluntários da Pátria, 45 – Gr. 1.404 – Botafogo
22270-000 – Rio de Janeiro – RJ
Tel.: (21) 2538-4100 – Fax: (21) 2286-9244
E-mail: atendimento@esextante.com.br
www.sextante.com.br

Dedicado a Joe D'Angelo.

Muitas das chamas que acendi
vieram dos seus fósforos.

O que os professores fazem

Ele diz que a grande questão é:
O que um aluno vai aprender com alguém
cuja melhor opção na vida foi ser professor?
Ele comenta com os convidados do jantar que é verdade
o que dizem sobre os professores:
Quem sabe faz; quem não sabe ensina.
Decido morder minha língua – em vez da dele –
e resistir à tentação de comentar com os convidados
que também é verdade o que dizem sobre os advogados.
Afinal, estamos jantando e temos que conversar educadamente.

Então, Taylor, você é professor.
Seja honesto, não deve fazer lá muito dinheiro.
Quanto você ganha?

Gostaria que ele não tivesse feito isso –
me pedido que eu fosse honesto –
porque eu tenho uma regra
sobre honestidade e passa-foras:
Se pediu, vai levar.
Você quer saber quanto eu ganho ou o que eu faço?

Eu faço os alunos trabalharem mais duro do que eles imaginavam ser possível.
Eu faço uma nota 5 parecer uma medalha de honra
e um 9 ser um tapa na cara.
Como ousa me fazer perder tempo com um trabalho inferior ao seu potencial máximo?

Eu faço crianças ficarem sentadas por mais de 40 minutos na sala de aula em silêncio absoluto.
Não, vocês não podem trabalhar em grupo.
Não, você não pode fazer nenhuma pergunta agora.
Por que eu não deixo você ir ao banheiro?
Porque você está entediado.
E não precisa realmente ir ao banheiro, precisa?

Eu faço os pais tremerem de medo quando ligo para eles:
Oi. Aqui é o professor Mali. Espero não estar incomodando.
Só queria conversar sobre algo que seu filho disse hoje.
Diante do maior brutamontes da turma, ele defendeu um colega, dizendo: "Deixe o garoto em paz. E daí que ele está chorando? Eu ainda choro de vez em quando. Você não?"
E foi o ato mais nobre de coragem que já presenciei.
Eu faço os pais verem os filhos como eles realmente são
e o que poderão vir a ser.

Quer saber o que mais eu faço?

Eu faço os alunos imaginarem,
Questionarem.
Criticarem.

Eu os faço pedir desculpas sinceras.
Eu os faço escrever, escrever, escrever,
E depois ler.
Eu os faço soletrar
Ansioso, exceção, ansioso, exceção,
Até gravarem para sempre a grafia correta dessas palavras.

Eu faço os alunos demostrarem todos os cálculos matemáticos
realizados
para chegar às respostas dos problemas.
E faço com que apresentem a redação final como se nunca tivessem
produzido um rascunho sequer.
Eu os faço entender que, se você tem um talento,
deve segui-lo.
E se alguém quiser julgá-lo pelo que você ganha, mostre
o que você faz.

Olhe, deixe-me explicar direitinho,
para você entender que estou dizendo a verdade:
Sabe o que os professores fazem?
Os professores fazem a diferença!
E você?

SUMÁRIO

INTRODUÇÃO

Este livro existe por causa de um poema.

Em 1997, eu estava numa festa de réveillon quando um advogado jovem e arrogante começou a insultar a mim e à minha profissão. "Os professores são tão explorados e desrespeitados", argumentou ele, "que qualquer pessoa que escolha essa profissão hoje deve ter sua inteligência questionada e portanto não poderia nem mesmo ser autorizada a ensinar." Em outras palavras: qualquer um que fosse idiota o bastante para *querer* ser professor jamais deveria ensinar nada a ninguém.

Para aquele advogado, só importava o fato de que professores são malpagos – nenhuma pessoa sensata seguiria uma carreira cuja remuneração fosse inferior ao que ele ganhava. Naquela noite, na festa, eu senti tanta raiva que não consegui pensar numa saída brilhante de imediato, então apenas me calei e sorri educadamente. Mas no dia seguinte, 1º de janeiro de 1998, escrevi o poema que teria sido a resposta contundente que gostaria de ter dado na véspera. O poema se intitula "O que os professores fazem".

"O que os professores fazem" só foi publicado em livro três anos mais tarde, mas eu o divulguei imediatamente em meu site que, como vários endereços da web naquela época, tinha apenas algumas páginas que diziam "Em construção". Mesmo assim, logo após postar o poema, comecei a receber uma enxurrada de e-mails referentes a ele.

O poema pôs o dedo na ferida. É uma defesa da carreira de professor, falando sobre os motivos por que ensinamos e sobre a nossa revolta por sermos julgados pelo valor de nosso contracheque e não pela diferença que somos capazes de fazer. Ele toca as pessoas, seja qual for a profissão delas. Sem que eu soubesse, o poema foi copiado e encaminhado por e-mail pelo mundo inteiro, às vezes sem crédito para minha autoria e com aquela introdução típica dizendo "normalmente eu não encaminho mensagens, mas você tem que ler isto!".

Meus versos passaram a ser citados por gente famosa em palestras ou discursos de formatura. Colunistas de jornal escreveram sobre meu poema, do qual reproduziram trechos. A Rádio Estatal de Seattle fez uma matéria sobre ele. Versões foram publicadas, ou para tentar aperfeiçoar o texto – eu estava furioso quando escrevi e aquela indignação influenciou minha escolha de palavras – ou para adaptá-lo a outras profissões. Um dia, alguém colocou no YouTube um vídeo em que apareço declamando o poema ao vivo, e foi aí que ele realmente decolou. Milhões de pessoas assistiram ao vídeo ou ouviram o poema em alguma outra mídia. Parece que tive a sorte de expressar em palavras o que tanta gente sentia mas por algum motivo não encontrava a forma certa de botar para fora.

De duas maneiras diferentes, o poema "O que os professores fazem" mudou mais a minha vida do que a de qualquer outra pessoa. Primeiro, mudou meu emprego. Quando o escrevi, ainda lecionava em salas de aula. Dois anos depois, decidi largar meu trabalho na escola e ver se conseguiria me sustentar sem um emprego fixo, apenas como poeta itinerante, palestrante e defensor dos professores. Hoje ganho a vida a viajar pelo mundo ensinando poesia, conversando com professores sobre como ministrar essa arte ou simplesmente lembrando a eles por que o caminho que escolheram seguir é nobre, valioso, crucial e recompensador, apesar dos comentários debochados que possam ouvir sobre seus salários. Estou correndo atrás dos meus sonhos.

Mas "O que os professores fazem" mudou minha vida de outra forma ainda mais importante. Descobri que muita gente optou pelo magistério justamente porque leu o poema ou ouviu alguém declamá-lo. Comecei a receber e-mails de estudantes universitários que contavam ter mudado seus planos e decidido fazer licenciatura, e que atribuíam a mim pelo menos parte da responsabilidade por essa escolha. Isso me fez sentir que eu estava de fato fazendo a diferença na vida das pessoas.

Após ouvir de algumas dezenas de jovens que eles haviam decidido seguir a carreira do magistério depois de ler meu poema, criei uma nova meta para mim: iria convencer mil pessoas a se tornarem professores simplesmente por meio da paixão com que falo sobre essa profissão. Seria o meu Projeto Novo Professor. E, de repente, minha vida ganhou um novo sentido. Eu tinha uma visão de algo maior que eu mesmo. E, em termos práticos, agora contava com mais uma razão para escrever todas as manhãs. Isso teve um impacto profundo sobre mim. Não estou mais apenas escrevendo para entreter ou instruir; estou tentando mudar o mundo, de professor em professor.

Claro que, mesmo que eu atinja meu objetivo de atrair mais mil pessoas para a minha carreira, isso poderá não contribuir em nada para melhorar a situação da educação em meu país, os Estados Unidos. Ainda há muita desigualdade na distribuição de recursos para escolas públicas de diferentes áreas e a reputação dos professores tem sido bombardeada por gente que os chama de preguiçosos e incompetentes. A solução para esses problemas requer mais do que poesia. Na verdade, às vezes acho que contribuo para agravar ainda mais esses problemas. Afinal, o que realmente sou, além de um propagandista que influencia os professores a aceitarem o status quo? É assim que me sinto quando fico cansado dessa batalha. Mas sempre retorno ao fato de que ser professor é uma das profissões mais importantes que existem e que às vezes é preciso lembrar a quem escolheu esse nobre caminho que há um exército de cidadãos escolarizados e agradecidos que os apoiam. Alguém precisa lembrar aos professores que eles são profundamente amados. E essa pessoa sou eu.

FAZENDO OS ALUNOS SE ESFORÇAREM AO MÁXIMO

O objetivo fundamental da educação é...
desenvolver a mente, torná-la funcional.

SHERWOOD ANDERSON (1876-1941),
romancista e contista americano

Sempre que alguém me desafia a dizer o que os professores realmente fazem, minha primeira resposta é que os professores fazem "os alunos trabalharem mais duro do que eles imaginavam ser possível". A coisa mais importante que um professor pode almejar é estimular os alunos a se aplicarem ao estudo. Alguns profissionais conseguem esse feito por meio de orientação e encorajamento, ao passo que outros se valem do medo e da intimidação. Eu poderia dizer que ambas as estratégias são formas de amor. Simplificando, os melhores professores são aqueles para quem você vai estudar e se esforçar como louco porque quer que eles o admirem como aluno.

Gosto de contar aos meus alunos uma história sobre o secretário de Estado do presidente Nixon, Henry Kissinger. Kissinger pediu a um assessor que preparasse um relatório. O assessor assim o fez mas Kissinger devolveu o documento naquele mesmo dia com um bilhete que dizia: "Sinto muito. Não está bom o bastante." O assessor ficou sem graça, admitindo que Kissinger estava certo. Constrangido, revisou o próprio trabalho, achando que dessa vez o aperfeiçoara de forma significativa. Novamente, o secretário rejeitou o relatório com uma observação semelhante: "Ainda não está nem perto de ser bom o bastante." A essa altura, o assessor estava apavorado. Ele cancelou seus planos e passou a noite em claro burilando seu trabalho. Corrigiu erros bobos que não tinha percebido antes e acrescentou uma seção de análise que ajudava a amarrar todas as ideias do texto. Dessa vez achava que tinha feito o melhor trabalho possível, então, em vez de apenas submeter o relatório como nas vezes anteriores, ele marcou hora para entregá-lo pessoalmente a Kissinger.

"Sr. Secretário", ele disse, "escrevi este relatório três vezes e por duas o senhor o devolveu, alegando que não estava bom o bastante. Senhor, o que estou lhe entregando agora é absolutamente o melhor que posso fazer, portanto, se não for bom o suficiente, eu não sou a pessoa certa para esse cargo." Kissinger lhe agradeceu, sorriu, pegou o relatório e declarou: "Ótimo. Dessa vez eu vou mesmo ler o seu relatório."

Foi nessa história que pensei quando escrevi o verso de "O que os professores fazem" sobre como conseguimos fazer uma nota 9 parecer um "tapa na cara". Quando você não entrega o seu melhor trabalho possível para avaliação, todos perdem. Uma nota 9 pode de fato ser um insulto para um estudante que tem potencial para realizar um trabalho digno de 10.

Mas a outra parte daquela estrofe é igualmente importante: "Eu faço uma nota 5 parecer uma medalha de honra." Um professor excepcional sabe que, quando um aluno com muitas dificuldades se aplica de verdade e ganha 5 num trabalho, é totalmente adequado escrever "Parabéns!" ao lado da nota.

A longo prazo, fazer o aluno trabalhar mais duro do que imaginou ser possível talvez seja a coisa mais importante que um professor pode ensinar. A matéria em si não é a verdadeira lição que você quer que os alunos assimilem; a verdadeira lição é aprender a persistir mesmo quando a matéria é difícil e confusa. Quando o estudante vier com aquela pergunta inevitável "Quando é que vamos precisar usar isso na vida real?", responda sem medo: "*Nunca*."

Talvez ele nunca precise daqueles fatos, números e problemas especificamente. A verdadeira lição nesse caso é aplicação, empenho, cooperação, flexibilidade, superação, reflexão crítica e capacidade de resolver problemas – habilidades fundamentais no dia a dia. Você vai precisar delas toda vez que a vida lhe apresentar algo árduo ou inesperado: obstáculos na sua vida pessoal, acidentes e catástrofes, demissões ou perda de pessoas queridas. Lutar para superar esses desafios é o que mais importa. Se ensino meus alunos a trabalharem mais duro do que eles achavam ser capazes, é porque vão precisar dessa habilidade para o resto da vida.

SEU FILHO É MEU ALUNO

A educação é importante demais para ser deixada apenas nas mãos dos educadores.

Francis Keppel (1916-1990), *comissário de Educação do governo dos Estados Unidos (1962-1965)*

Grandes professores nunca serão capazes de compensar o estrago causado por péssimos pais, nem devemos esperar isso deles. No entanto, acontece o tempo todo. Os professores são impelidos a preencher a lacuna deixada pelos pais porque são uma figura muito presente na vida das crianças. Quando eu era professor do 6º ano e dava aulas de matemática e história, desconfiava que alguns alunos passavam mais tempo comigo do que com os próprios pais. Não era raro para um adolescente ver o pai e a mãe menos de uma hora por dia, rapidamente no café da manhã ou talvez na hora do jantar. Compare isso com as horas que eu passava com os alunos de segunda a sexta e não fica difícil entender como um professor pode parecer um provável substituto para os pais. Só que nunca somos.

No entanto, há uma coisa que os professores podem fazer que os pais às vezes não conseguem: enxergar objetivamente o potencial de uma criança, sem a influência do histórico familiar ou das expectativas que os pais costumam ter em relação aos filhos. Pai e mãe talvez estejam preocupados demais em comparar seu filho com a maioria, sem conseguir discernir o que há de peculiar nele. Ou então usam a vida dos filhos como forma de refazer suas próprias vidas, ignorando o fato de que esse tipo de projeção é injusto, insensato e dificilmente dá certo. Parece óbvio que não adianta o pai mandar a filha para uma das melhores universidades do mundo achando que vai compensar o fato de que poderia ter sido aprovado nessa instituição, caso tivesse se esforçado para isso na sua época. Talvez a filha seja uma aluna tão preguiçosa quanto foi o pai. Mas é ainda mais provável que seja totalmente diferente.

Então, quando você vem para a reunião de pais e mestres e reclama comigo sobre as notas de seu filho, porque "ele sempre tirou 10 em tudo", prepare-se para minha resposta: "Não duvido disso. Agora, como podemos estimular o seu filho a fazer um trabalho digno de nota 10 este ano?"

O PROBLEMA DO CARRO DE CORRIDA

"Imagine um carro competindo numa corrida de 100 milhas. Na metade do percurso, o veículo faz um *pit-stop* e o chefe da equipe conclui que a velocidade média até então foi de 50 milhas por hora. Qual deve ser a velocidade do carro na segunda metade da corrida para concluir o percurso com uma velocidade média total de

100 milhas por hora?" Eu adorava incluir essa questão nas provas porque a resposta é surpreendente e esclarecedora. É uma pegadinha de certa forma, pois não há nada que se possa fazer para que o carro dobre sua velocidade média. O veículo já havia levado tempo demais completando a primeira metade do percurso para que se pudesse dobrar sua média na segunda metade. Mesmo que o carro corresse a 200 milhas por hora na segunda metade (a resposta mais tentadora), a velocidade média ainda seria de apenas 80 milhas por hora. O carro praticamente teria que se teletransportar à velocidade da luz a partir daquele ponto para poder obter a média de 100 milhas por hora. O primeiro trecho tinha sido medíocre e não havia mais como atingir um nível de excelência. O melhor que o piloto poderia fazer seria reavaliar suas expectativas para o restante da corrida e prometer uma atuação melhor na próxima.

Sempre me lembro desse problema de matemática quando um aluno ou um pai me procura no meio do ano letivo perguntando o que pode ser feito para se chegar a uma média 10 no final do ano.

Samuel, um aluno meu na turma de inglês do 8º ano, tinha recebido o diagnóstico de transtorno de déficit de atenção e hiperatividade. Ele estava sendo tratado com medicação, e detestava isso. Dizia que com o remédio deixava de ser ele mesmo e passava a ser um robô de 13 anos que não conseguia fazer nada a não ser seguir instruções. Ainda estava com muita dificuldade nas aulas, especialmente nos testes semanais de vocabulário. Na minha opinião, o remédio que ele tomava todas as manhãs na enfermaria podia já ter perdido o efeito no fim da tarde ou à noite, quando ele devia estudar o vocabulário, e a essa altura seu cérebro voltava a ficar acelerado demais para que conseguisse se concentrar.

Eu não tinha sido a favor de tratarem Samuel com medicação; em vez disso, queria que nós, seus professores, usássemos métodos diferentes para ensiná-lo, como o que descobri certa tarde no campo de futebol.

Samuel era o goleiro do time da escola, e às vezes eu ficava depois da aula para jogar com os meninos e me exercitar um pouco. Como eu também havia atuado como goleiro quando era estudante, o técnico às vezes me colocava para treinar Samuel. Eu me lembro de uma tarde especificamente, porque foi o dia antes de um dos nossos testes de vocabulário e Samuel precisava tirar uma boa nota nele. Os testes eram de apenas 10 palavras, mas não havia como chutar; eram dois pontos para a grafia correta, cinco para a definição acertada e três por usar a palavra numa frase que demonstrasse a compreensão do sentido num determinado contexto.

Os hábitos de estudo de Samuel obviamente não estavam dando certo, portanto, depois do jogo, quando começou a escurecer, nós ficamos no campo e, enquanto eu chutava bolas para ele no gol, ditava palavras para ele definir em preparação para o teste do dia seguinte. Ele adorou essa forma de estudo, e ela funcionou bem – não apenas com as palavras, mas com sua prática no gol. Quando Samuel errava um vocábulo, eu fingia me revoltar e chutava a bola ainda mais forte. Ele fazia uma defesa espetacular e acertava a definição das palavras na próxima vez. E gabaritou o teste no dia seguinte.

Os professores têm uma perspectiva única. Nós não precisamos pegar a roupa suja que as crianças deixam no chão do banheiro nem obrigá-las a ir dormir em um determinado horário. Por isso vemos os alunos de um ponto de vista menos emocional que o dos pais. Percebemos com clareza as consequências de pressionar uma bailarina a fazer faculdade de matemática ou de influenciar um criativo escritor de crônicas a seguir uma carreira científica.

Quando chegar a hora de esses jovens entrarem no mercado de trabalho, muitos dos empregos para os quais irão se candidatar estarão em áreas que nem existem ainda. É difícil preparar uma pessoa para esse cenário. Os professores preferem se concentrar no verdadeiro objetivo: não necessariamente produzir futuros graduados em Harvard, mas estimular o desenvolvimento de indivíduos que gostem de aprender coisas novas, sejam naturalmente curiosos, confiantes e flexíveis e estejam prontos para qualquer desafio que encontrarem pela frente.

UM POETA SE TRANSFORMA EM PROFESSOR (E VICE-VERSA)

A tarefa do poeta é deleitar ou instruir, e devemos reservar nossa maior distinção para aqueles que conseguem atingir os dois objetivos ao mesmo tempo.

HORÁCIO (65-8 a.C.), *poeta romano*

Embora eu tenha me formado em poesia, acabei saindo da universidade como professor. Da mesma forma que todos os alunos de mestrado na área de literatura da Universidade Estadual do Kansas, eu dava aulas de redação I e redação II para os estudantes da graduação. Ensinávamos os alunos a escrever reflexões pessoais, avaliações, correspondências profissionais, argumentos persuasivos, ensaios, teses e outros tipos de composição. E percebi que levava muito jeito para explicar aos outros como as coisas deveriam ser feitas.

Ensinar é a arte da explicação: apresentar a informação certa, na ordem certa e de forma inesquecível. O trabalho do professor é analisar todas as formas de explicações e exemplos possíveis e depois usar diante da classe os que funcionam melhor

– talvez deixando de fora o último passo, para que os alunos possam tirar a conclusão por si próprios.

> Meu tio, o artista plástico Vint Lawrence, achava que três perguntas devem ser feitas sobre cada pintura: o artista tem algo a dizer? Ele diz isso bem? E o mais importante: o artista deixa que eu tire minha própria conclusão? O ato de podermos completar o pensamento do artista é essencial para a apreciação de uma pintura. Um processo semelhante acontece com a arte de ensinar; as lições mais eficazes são aquelas em que os alunos são guiados até o ponto em que podem dar os últimos passos sozinhos.

Nos fins de semana da época do mestrado, sempre que meus colegas e eu nos reuníamos para comer pizza e tomar cerveja, todos queriam falar dos poemas que estavam escrevendo, mas eu preferia comentar os trabalhos dos meus alunos. Quando nos formamos, muitos dos meus amigos optaram por um doutorado, para se tornarem professores universitários, mas eu comecei logo a trabalhar em escolas porque queria ensinar alunos mais novos. Minha intenção era ver se poderia causar um impacto maior na vida dos estudantes se eles tivessem aula comigo mais cedo, antes de terem enraizado maus hábitos. Porém, quanto mais novos eram os alunos que eu ensinava – fui diminuindo até o 6º ano –, mais eu percebia que o trabalho primordial em educação é com as crianças pequenas, as da educação infantil ou pré-escolar e dos primeiros anos do ensino fundamental.

Vários estudos comprovam que as crianças com acesso a um ensino de qualidade nos primeiros anos de vida escolar assumem uma posição de vantagem inalcançável em relação àquelas que não têm as mesmas oportunidades. Mesmo que eu me ache o melhor professor do mundo, no momento em que um aluno chega à minha turma de 6º ano, o potencial para ele progredir intelectualmente já foi predeterminado quase 10 anos antes. Este é mais um motivo por que os professores jamais serão capazes de compensar a negligência dos pais.

Nunca ensinei crianças com menos de 10 anos, a não ser durante oficinas de curta duração, e, embora eu adorasse aquelas experiências, sempre terminava exausto e cheio de admiração e respeito pelos professores que lidam com elas no dia a dia. É tão diferente daquilo a que estou acostumado! Se eu contar para uma turma de 1º ano do ensino fundamental que tive um cachorro chamado Apolo (em homenagem ao deus grego) e que ele morreu em novembro, então eu iria escutar algo de cada criança que já teve um cachorro, um gato ou outro animal, ou que já tinha ouvido falar em Apolo, ou que é descendente de grego ou que faz aniversário em novembro. E aí precisaríamos conversar sobre aniversários, durante 10 minutos.

Direcionar o fluxo da curiosidade é, obviamente, mais fácil que policiar outros tipos de comportamento que surgem em pré-adolescentes. Encontrei um antigo diário meu de quando comecei a dar aula para estudantes do segundo ciclo do ensino fundamental e ele continha várias observações sobre o dia a dia na escola. Numa página, escrevi: "Os alunos do 6º ao 9º ano sempre procuram aparentar que um ataque calculado foi apenas um acidente, e vice-versa." Presenciei garotos colocarem a mochila nas costas com um movimento exagerado justamente para "sem querer" bater com toda a força no peito do colega ao lado com o peso dos livros dentro da bolsa. Estes eram os mesmos meninos que, em outra situação, iriam cair no chão dramaticamente fingindo-se machucados, como um jogador de futebol tentando cavar um pênalti. A única estratégia que desenvolvi para lidar com esse comportamento foi demonstrar que tinha percebido a encenação, dizendo: "Eu sei exatamente o que você está fazendo, e você não precisa disso. Já chamou minha atenção. Em que posso ajudá-lo?" Porque é disso que a maioria de nós necessita – de um pouco mais de atenção por parte da figura de autoridade.

Algumas pessoas que me conhecem por meio do meu trabalho com poesia me dizem que gostariam de ter sido meus alunos. Ou então afirmam: "Tenho certeza de que você era um excelente professor." É um grande elogio, mas isso sempre me faz pensar: será que eu era melhor como professor do que sou como poeta? O que sei é que, desde que deixei as salas de aula, nunca parei de ensinar. Tudo o que faço envolve um tipo de lição, mesmo que eu seja a única pessoa aprendendo com ela.

A HORA DE LIGAR PARA OS PAIS

Quando eu trabalhava como professor em horário integral, ficava até tarde na escola quase todas as terças-feiras só para poder telefonar para a casa dos alunos e falar com seus pais. Havia uma lista dos números deles na sala de professores, e a direção preferia que fizéssemos essas ligações de trabalho pelo telefone da escola. Eu estava pensando nesses telefonemas quando escrevi o verso de "O que os professores fazem" que diz, meio de brincadeira, "eu faço os pais tremerem de medo quando ligo para eles". Claro, quem não pensa no pior quando o professor de seu filho liga para a sua casa? Geralmente são as mães que atendem, e a primeira coisa que costumam dizer é "O que ele fez dessa vez?" ou "Peço desculpas por qualquer coisa que a minha filha tenha dito".

Justamente porque estão esperando más notícias, os pais invariavelmente ficam felicíssimos quando os professores ligam para elogiar a criança. E eu dei muito mais esse tipo de telefonema do que fiz ligações para falar de mau comportamento. Muito mais.

Eu me lembro de ter ligado para ressaltar a melhora nas notas ou o nítido esforço que o aluno fizera ao reescrever uma redação. Às vezes, eu telefonava apenas para dizer como havia gostado de um simples comentário feito durante uma discussão em sala de aula, que me parecera especialmente perspicaz ou maduro. Na minha cabeça, os pais deveriam estar ávidos por qualquer migalha de informação que eu pudesse dar a eles. Mas e se não estivessem interessados, se nunca parassem em casa, se nunca ligassem de volta ou se não se importassem com o desempenho de seu filho em minha aula? Bem, também seria importante saber disso.

Logo descobri três importantes lições quando dava os telefonemas positivos para os pais. Em primeiro lugar, essas ligações são mais fáceis e divertidas de fazer; não há qualquer risco de o pai se virar contra o professor: "Bem, mas o que o senhor disse antes para minha filha que a fez chamá-lo de idiota? *O senhor fez algo idiota*?" Em segundo lugar, não há aquele receio de tornar a vida da criança mais difícil em casa. Às vezes eu reconhecia em questão de segundos exatamente de quem Fulaninho tinha herdado seu comportamento louco, inconsistente e autodestrutivo, e logo percebia que a ligação teria consequências que eu não esperava ou não queria.

Mas a lição mais importante sobre ligar para os pais elogiando as conquistas dos filhos é que esses telefonemas são os que dão mais resultado. O estudante entra em sala no dia seguinte com o passo mais leve, o sorriso mais aberto e mostrando mais das mesmas qualidades que me impeliram a ligar para os pais dele na véspera. Uma vez tive um aluno de matemática no 7º ano chamado Caleb, um garoto muito agitado que raramente se esforçava. Um dia ele errou uma questão num teste de geometria. Eu mesmo havia elaborado a questão, e reconheço hoje que era confusa. Caleb quis debater esse problema comigo diante dos colegas. Eu era inteligente o bastante para evitar uma discussão com um garoto do 7º ano durante a aula, então, em vez disso, como dever de casa, o desafiei a provar que eu estava errado.

Naquela noite eu liguei para a mãe do Caleb. Não era a primeira vez que um de seus professores ligava para a casa dele – tive a impressão de que a mãe estava acostumada a atender essas ligações –, mas foi a primeira vez que alguém ligava para dizer uma coisa boa sobre o menino. Eu queria que ela soubesse que a curiosidade intelectual e o entusiasmo que seu filho demonstrara em sala de aula me fizeram lembrar do motivo por que eu havia decidido lecionar. Eu lhe disse que amava o meu trabalho por causa de alunos como Caleb. O silêncio do outro lado da linha me fez perceber que ela estava *chorando*. Por ter procurado esse contato com ela, acabei criando uma aliada, alguém para quem eu poderia ligar de novo dali a um mês, quando Caleb estivesse me enlouquecendo.

Tenho outra boa história a respeito de ligar para os pais, e essa é a que aparece no poema "O que os professores fazem" – sobre um garoto defendendo um colega contra um valentão.

Andrew Marks estava numa turma minha de 6º ano e era um menino inteligente, educado, bem-vestido e um pouco rechonchudo. Um dia, durante o recreio, Andrew jogava Uno com três outros garotos: Timmy, o menorzinho da turma; Travis, o garoto mais maldoso a quem já tive o desprazer de dar aula; e um quarto menino cujo nome não lembro, mas a quem vou chamar de Testemunha que Não Fez Nada.

Não conheço bem o Uno, mas aparentemente há diferentes formas de jogar, com regras e estratégias opcionais que todos combinam no início do jogo. Os garotos não devem ter acertado direito as regras, porque logo no começo da partida Timmy conseguiu fazer uma jogada rara e perfeita, e os outros três disseram que não valia. Pelo que consegui deduzir de onde eu estava, corrigindo testes na minha mesa, a jogada de Timmy era o equivalente a acertar a lua num jogo de copas (levar todas as cartas que pontuam), um feito que requer sorte, esperteza e audácia. Ele estava orgulhoso de tamanha proeza e naturalmente ficou arrasado quando todos os outros meninos disseram que aquela jogada não era permitida na modalidade que escolheram e que "não estavam jogando daquele jeito". Timmy recolheu suas cartas e seu lábio inferior começou a tremer. Percebendo aquela vulnerabilidade, o cruel Travis começou a cercar sua presa, provocando-o: "O quê? Vai chorar? É só um jogo! Que mané! Olhe só o Timmy, pessoal. Ele está chorando! Maior bebezão!"

Eu sabia que tinha que interferir, embora isso pudesse até piorar as coisas. Mas, antes mesmo que eu pudesse me levantar, ouvi Andrew confrontar Travis, dizendo: "Deixe o garoto em paz. E daí que ele está chorando? Eu ainda choro de vez em quando. Você não?"

E o conflito acabou ali. No poema descrevi isso como "o ato mais nobre de coragem que já presenciei". Até hoje fico arrepiado ao me lembrar disso. Andrew não era propriamente imune à crueldade de Travis, que poderia facilmente ter se virado contra ele e o chamado de gordo, como muitas vezes havia feito. No entanto Andrew Marks, sabendo que estava presenciando uma situação de bullying, colocou-se entre o agressor e a vítima, pronto para levar chumbo. Quando liguei para a mãe dele naquela noite a fim de contar o que aconteceu, acho que eu mesmo chorei. Falei para a Sra. Marks que Andrew era o tipo de aluno que me dava orgulho e que eu gostaria de ser como ele quando crescesse. Mas acho que minhas lágrimas tiveram outra razão também. Elas resultaram da vergonha em saber que, se eu fosse um menino de 12 anos naquele jogo de cartas, eu teria sido a Testemunha que Não Fez Nada.

DESCOBERTAS E ACIDENTES FELIZES

Se houver um gráfico mostrando como se dá o aprendizado de uma criança, a linha com certeza não será uma subida gradual e constante em direção ao conhecimento e à inteligência. Provavelmente será mais parecida com os picos e descidas irregulares da bolsa de valores numa década de economia forte. Os picos mais altos seriam aqueles dos momentos repentinos de descoberta e clareza trazidos por coincidências fortuitas e outros acidentes felizes, e os mergulhos profundos de volta à letargia adolescente seriam o resultado de maus hábitos, da influência dos hormônios e do medo de se destacar dos demais.

Os professores adoram testemunhar aqueles momentos em que algo dá um clique na mente do aluno e ele finalmente entende tudo. Esses instantes são tão emocionantes que se tornam uma das maiores recompensas da carreira de um professor. Isso é parte de seu pagamento – na forma das raras e brilhantes faíscas de compreensão e descoberta nos olhos de um aluno que tinha dificuldades.

Um momento particularmente memorável ocorreu quando eu estava tentando ensinar a um aluno chamado Paul a propriedade matemática em que todo número multiplicado por zero resulta em zero. Depois que se compreende essa propriedade tão simples, pode ser difícil imaginar que outras pessoas não consigam entender isso, mas tal é a natureza da "maldição do conhecimento".[1] Eu me lembro de me agachar ao lado da carteira de Paul e explicar tudo de novo com toda a paciência. De repente, seus olhos se arregalaram e ele se virou para mim. "O senhor quer dizer que", ele começou a falar, mal podendo acreditar na própria sorte, "cinco vezes 3/7, vezes 125.342, vezes zero é igual a... zero?" Quando fiz que sim com a cabeça, ele se voltou para o caderno à sua mesa todo feliz, anunciando para quem quisesse ouvir: "Isso muda tudo!" E isso é, em resumo, tudo o que os professores querem fazer: mudar tudo.

[1] Uma estudante de mestrado em Stanford chamada Elizabeth Newton analisou a "maldição do conhecimento" em 1990 com o seguinte estudo: um grupo de pessoas marcava o ritmo de canções bem conhecidas como "Parabéns pra você" e "Jingle Bells" batendo com os pés no chão, e outro grupo tinha que identificar as músicas. O grupo que batia os pés estimou que metade dos "ouvintes" iria conseguir acertar. Na verdade, só 3% acertaram.

Eu ensino pelo fogo

Eu ensino pelo fogo, pelo momento da ignição,
pela fagulha, pela lâmpada do conhecimento
acendendo no escuro sobre a cabeça de um adolescente.
Ó linda incandescência, ofuscando o silêncio por
toda a sala; ele tenta, ele tenta, ele tenta e BUM!
Ele entende tudo e você pode ver isso em seus olhos!
Eu ensino por esse momento.

Eu ensino pelo momento em que todos os elefantes
descobrem que têm asas e levitam da lama,
minha classe em suspenso como mil beija-flores –
pairando no ar, uma expressão fascinada em cada rosto,
alimentando-se de minhas palavras por um mágico
instante, como se ideias fossem flores do campo.
Eu ensino por esse momento.

Eu ensino pela mesma razão por que todo professor
ensina. A pedra atirada na água nunca sabe
o alcance da ondulação que causou, mas eu
reinicio meu coração todo dia e aprendo coisas
sobre mim mesmo como se eu fosse um balde vazio
e cada aluno, um poço dos desejos. Dizem que
aqueles que desejam ensinar nunca devem parar
de aprender. Eu ensino pelo momento em que
tudo se incendeia e finalmente começa a arder.

– Taylor Mali

Às vezes uma descoberta pode acontecer de forma totalmente inesperada, como no dia em que meus alunos testemunharam – ou pensaram testemunhar – uma mudança na língua inglesa que normalmente levaria anos para acontecer.

Quando eu ensinava inglês, usava um vocabulário dividido em 30 capítulos, cada qual introduzindo 10 novas palavras relacionadas ao mesmo tema específico, como, por exemplo, palavras de origem espanhola ou palavras para descrever pessoas. O primeiro capítulo se chamava "Sobre a linguagem" e incluía as palavras *conotação*, *denotação*, *jargão*, *gíria* e uma que era nova para mim, *argot*, de origem francesa, que significa um tipo de linguagem secreta, em código, usada por um grupo clandestino para que suas mensagens não sejam descobertas ou compreendidas. Decidi então passar um trabalho para a classe baseado no argot de estudantes do 8º ano. "A língua que falamos pertence a vocês", eu lhes disse. "Tirem vantagem disso e criem uma gíria secreta própria."

Cada aluno tinha que inventar 10 expressões para fenômenos relacionados à escola. Sugeri, por exemplo, que punir um aluno com castigo em sala após o término das aulas fosse "chutar um C", como em "Fui pego passando bilhetinhos na aula e o professor me chutou um C".[2] Meus alunos iniciaram o trabalho animados, sugerindo em voz alta, por exemplo, que a gíria secreta do 8º ano para conseguir um prazo maior de entrega do trabalho seria *se pendurar num galho mais alto*, e que pedir permissão para ir ao banheiro quando você não está precisando de fato seria secretamente referido como *empoçar* ou *implorar*

---

[2] Gosto muito mais da expressão criada por um dos estudantes sobre ficar de castigo após a aula: *reservar passagem sem volta pra aula de estátua.*

uma descarga falsa. O sinal tocou e metade da turma saiu, enquanto a outra permaneceu para a aula seguinte, que seria dada pelo professor de história americana, Robert Crust.

Assim que chegou, o professor Crust, veterano com 40 anos de carreira, viu um trabalho esquecido numa carteira por algum aluno descuidado. Bob deu uma lida no trabalho e concluiu – quase corretamente – que "chutar um C" já seria uma gíria estabelecida entre os alunos descolados. Então, no final da aula, ao explicar as consequências para quem não trouxesse a pesquisa de história na segunda-feira, o professor Crust anunciou com a maior naturalidade: "Esses preguiçosos podem ter certeza de que eu lhes chutarei um C."

Metade da turma não tinha a menor ideia do que ele quis dizer. A outra metade, porém, que participara da minha aula de inglês no período anterior, ficou perplexa. Como o professor Crust poderia conhecer aquela expressão, se eles a haviam inventado apenas uma hora atrás? *A língua inglesa poderia ser mesmo viva, como o professor Mali disse?*, devem ter pensado.

O objetivo mais elevado da minha lição, que eu não tinha nem o direito de esperar que meus alunos atingissem – a compreensão de como a língua muda ao longo do tempo e de como o significado das palavras pode ser fluido –, foi alcançado no momento em que aquele pequeno grupo de alunos se entreolhou espantado. O que os professores fazem? Eles fazem uso desses acidentes felizes para ajudar os alunos a entenderem perfeitamente seus ensinamentos.

ANSIOSO E EXCEÇÃO

O objetivo de ensinar uma criança é dar a ela a possibilidade de progredir sem um professor.

ELBERT HUBBARD (1856-1915),
escritor e filósofo americano

Toda vez que declamo o poema "O que os professores fazem" para um grande grupo de pessoas, especialmente (mas não necessariamente) professores, vejo gente concordando com a cabeça quando chego ao verso sobre fazer os alunos escreverem *ansioso* e *exceção* repetidas vezes "até fazê-los lembrar para sempre a grafia correta dessas palavras".

Aprendi a soletrar corretamente a palavra "ansioso" no 9º ano com meu professor de inglês, Stewart Moss, que cantava para a turma a "Música do Ansioso", um truque de memorização que, segundo ele, nos ajudaria a gravar para sempre a grafia da palavra. Era uma melodia doce, em tons agudos, que dizia:

Não existe C
Em ansioso.

Essa era a música inteira. A turma toda olhou para o Sr. Moss depois que ele acabou e disse: "É só isso? Essa é a música que vai nos ensinar a lembrar a maneira certa de escrever *ansioso* para o resto de nossas vidas? Duvido! Amanhã já terei esquecido!" Mas isso foi no outono de 1978, e me lembro da música perfeitamente até hoje.

Exceção não tinha uma música especial, mas eu nunca me esqueci de como se escrevia por causa de uma situação que vivi. No final daquele ano letivo, meus pais me matricularam num curso de verão porque achavam que eu tinha maus hábitos de estudo, o que era verdade. Na minha classe de humanas, eu sentava ao lado de um atleta de luta livre chamado Larry. Um dia, ele pediu que a professora lhe ensinasse a soletrar a palavra *exceção*, porque nunca tivera certeza da grafia. Ela sugeriu que ele procurasse no dicionário, já avisando que provavelmente ele iria levar os 20 minutos restantes da aula até achar a página certa. E foi assim mesmo. Quando Larry finalmente achou a palavra no dicionário, ficou tão pasmo que passou a repetir em voz alta a forma correta de soletrar E-X-C-E-Ç-Ã-O, enquanto os colegas arrumavam suas mochilas e saíam para almoçar. "Jura que é isto mesmo? E-X-C-E e depois cê-cedilha?", e repetiu a sequência das letras tantas vezes que os outros meninos começaram a debochar daquela ladainha de incredulidade. Mas, por dentro, eu estava agradecido a ele. Larry não era a única pessoa que não sabia escrever "exceção". A partir de então, nós dois iríamos lembrar para sempre como soletrar aquela palavra.

Claro que já cantei a "Música do Ansioso" centenas de vezes para meus alunos. Às vezes até alongo os versos, exagerando com um fraseado musical extravagante, no meu melhor estilo cantor de churrascaria. Mas não posso afirmar que minha obsessão pelo palco tenha aumentado o poder da versão original. E tem mais: toda vez que conto para uma nova turma a história de como aprendi a soletrar *exceção*, os próprios alunos interpretam de forma cômica como Larry, o lutador, teria repetido a palavra letra por letra, aliviado e incrédulo ao mesmo tempo.

No entanto, a principal mensagem que eu queria passar por meio dessas duas histórias, e que gostaria de ter transmitido no poema também, é que há uma sensação de êxtase inerente a cada um desses inesquecíveis e repentinos instantes de apreensão de novo conhecimento. Costumamos imaginar que o fenômeno do aprendizado é como o crescimento de uma criança: um desenvolvimento constante e gradual, com alguns momentos de progresso acelerado. Mas o processo do aprendizado é mais como uma sucessão de pequenos ou grandes relâmpagos e raios que atingem o cérebro constantemente. E se você já presenciou um desses momentos serem vividos por outra pessoa, entenderá por que os professores dizem que esta é uma das recompensas secretas da profissão – sobretudo se foram eles que ajudaram a produzir tais lampejos. Os professores fazem, sim, raios caírem no mesmo lugar, muitas e muitas vezes.

SEMPRE DE OLHO NAS OPORTUNIDADES EDUCATIVAS

Às vezes, a vida proporciona um plano de aula muito melhor do que aquele que o professor havia preparado, e ele deve sempre embarcar nessa oportunidade. Não haverá tempo de elaborar com calma o dever de casa a partir das lições daquele momento – ele simplesmente terá que improvisar.

Uma vez, quando estava dando aula de matemática numa escola de Nova York, vimos da janela algo extraordinário acontecer do lado de fora. Minha sala era no quarto andar, mas como o pé-direito dos andares do colégio era alto, nossa janela dava para o sexto andar do edifício em frente, que ficava a apenas 15 metros de distância. Isso já gerava distração suficiente todos os dias. Havia uma moça que se debruçava na janela para fumar, escondendo os cigarros num canto do parapeito. Tinha um senhor idoso no andar logo acima, que perambulava de roupão em seu apartamento o dia inteiro. Se alguém fizesse contato visual com ele, o velhinho acenava, portanto passamos a chamá-lo de Seu Feliz, mas eu o detestava, porque era uma distração irresistível para os meus alunos. Só que nem Seu Feliz seria páreo para o piano de cauda que um dia foi retirado, pela janela, do apartamento acima do dele.

Fiquei sabendo anos depois, por um amigo que morava naquele prédio, que a moradora do oitavo andar era pianista e sempre sonhara em dar um recital no Carnegie Hall. Ela deve ter falado tanto nisso que seu marido rico finalmente resolveu alugar o teatro para realizar o sonho da mulher. No entanto, parece que ela se recusou a tocar os pianos do Carnegie Hall e insistiu que o seu recital teria que ser com seu próprio instrumento. Foi por isso que, numa quinta-feira de abril, um caminhão com guindaste estacionou em frente ao prédio, e o piano dela foi cuidadosamente retirado pela janela de seu apartamento e levado abaixo devagar bem em frente à janela da minha sala, enquanto eu tentava dar aula de matemática.

Quando o piano já estava completamente suspenso do lado de fora da janela, todas as carteiras da minha turma ficaram vazias. Colamos o rosto no vidro da janela, embaçando tudo com nossa respiração. Ninguém dizia palavra. Haveria algum jeito de eu aproveitar esse acontecimento para minha aula de matemática? Talvez: "Em quantas frações o piano poderá se quebrar caso acabe se espatifando no asfalto?" Eu não conseguia pensar em nada construtivo. Mas tudo bem, porque não havia nada a dizer. Era um momento visualmente deslumbrante, epicamente memorável, e me lembro apenas de desejar ser capaz de receber aquela mesma atenção como professor. Enquanto o piano descia devagar, eu vi pelo canto do olho o Seu Feliz em seu roupão, também observando a manobra. Ele acenou para nós, mas, pela primeira vez, ninguém acenou de volta, pois todos estavam absortos no espetáculo.

Atenção total

Um piano de cauda envolvido em panos pelos
carregadores,
amarrado em tiras de lona – como um presente
de aniversário
da música clássica para um louco perigoso –,
é gentilmente retirado sem suas pernas
por uma janela de oitavo andar na rua 62.

Está suspenso no ar de abril por um guindaste,
quadrados de madeira negra laqueada brilhante
e estampas riscadas sobre um branco encardido
dependurados como a penúltima nota
de um concerto que se toca na beirada da banqueta,
à beira das lágrimas, à beira de despencar por oito andares –
é um piano empurrado para fora de uma janela
e levado abaixo até o caminhão de transporte!...
e
eu estou tentando dar aula de matemática no prédio
em frente.

Quem consegue ensinar quando há uma lição a ser
aprendida?
Todos os mínimos múltiplos comuns são entregues por
guindastes e caminhões de transporte

ou passam através de tudo, até do ar.
Como a neve.

Sabe, a neve cai pela primeira vez todo ano, e todo ano
meus alunos correm para a janela
como se a neve fosse mais interessante que a matemática,
e é mesmo.

Então, por favor.

Deixe-me ensinar como um Steinway,
rodopiando vagarosamente no ar de abril,
tão a ponto de cair, tão perplexamente
dependurado do gancho do guindaste...
Tão à beira de perder tudo...
Deixe-me ensinar como a primeira neve que cai.

– Taylor Mali

UM ELOGIO À INCERTEZA PONDERADA

Educação é... partir da ignorância arrogante
em direção à incerteza ponderada.

KENNETH G. JOHNSON (1922-2002),
educador e semanticista americano

Uma das qualidades mais importantes que um professor pode estimular num aluno, especialmente na era da internet e dos canais de notícias 24 horas, é saber distinguir, no meio de tanta informação, o que é útil, objetivo e confiável do que é tendencioso e irrelevante. Essa preocupação condiz com o que escreveu o historiador britânico George Macaulay Trevelyan: "A educação produziu uma vasta população capaz de ler, mas incapaz de distinguir o que vale a pena ser lido."

Eu sempre quis que meus alunos saíssem de meus cursos com uma espécie de ceticismo esclarecido, a habilidade de analisar a qualidade das fontes de informação ao perceberem incoerências, falácias e argumentação tendenciosa, em vez de aprender as coisas de forma automática, sem questionar. Esse desejo está por trás dos seguintes versos de "O que os professores fazem": "Eu faço os alunos [...] Questionarem./ Criticarem." O verbo *criticar* tem duas acepções, claro, sendo uma neutra (analisar todos os aspectos de) e outra extremamente negativa (falar mal de, menosprezar, censurar). As pessoas já me perguntaram várias vezes se o verso significava fazer os alunos procurarem defeito em tudo. Não era essa a intenção. Mas procurar as falhas quando se trata de fatos e notícias não é algo tão negativo assim, não é?

Para encorajar meus alunos a argumentar contra posições que não se sustentam quando analisadas cuidadosamente, eu inseria nos testes citações de livros inventadas por mim. Eu fazia o possível para torná-las convincentes. Quem ousaria discutir com o Dr. Sanjay Patel, respeitado acadêmico e autor de *Esfinge na areia – Religião no Antigo Egito*? Bem, após ler a ridícula conclusão de que "a religião no Antigo Egito não era parte importante da sociedade, portanto os sacerdotes não tinham muito poder", meus alunos derrubavam com entusiasmo, mas educadamente, as ideias do Dr. Patel.

A definição de professor não inclui "alguém que mostre aos alunos como questionar a autoridade". De fato, muitos críticos da educação nos Estados Unidos acreditam que as escolas fazem exatamente o contrário, porque o sistema atual nasceu com a Revolução Industrial, quando a intenção era criar mão de obra qualificada porém obediente. Como poderia o ceticismo esclarecido, sem falar na criatividade pura e simples, sobreviver em tal ambiente? Não seria fácil. Mas prefiro incentivar meus alunos a questionarem tudo a ensiná-los a serem pessoas que parecem nunca ter tido qualquer tipo de dúvida.

Tipo, sei lá, sabe?

Caso não tenha notado,
não está mais na moda
você saber muito bem sobre o que está falando
nem ter convicção do que está dizendo.
Invisíveis pontos de interrogação e parênteses (sabe?)
estão se grudando ao final de nossas frases,
mesmo quando essas frases não são, tipo, perguntas.
Sabe como?

Sentenças declarativas – assim chamadas
porque costumavam, tipo, DECLARAR coisas
como verdadeiras,
ao contrário de outras coisas, tipo, sabe, que não são –
foram contaminadas por um tom interrogativo
superdescolado e tragicamente maneiro, sabe?

Tipo, não pense que estou por fora só porque notei isso;
a coisa tá bombando, sabe como?
É, tipo, um lance que ouvi.
Não tenho nenhum investimento pessoal em minhas
próprias opiniões, tá?
Estou apenas convidando-o a se juntar a mim nessa
incerteza.

Para onde foi a convicção?
Onde estão as próprias pernas com as quais
costumávamos caminhar?
Elas foram, tipo, cortadas

com as árvores da floresta Amazônica?
Ou não temos, tipo, nada para dizer?
A sociedade se tornou, tão, tipo...
Quero dizer, geral... sabe?
Que nós chegamos a um ponto que é tipo, sei lá...
Tanto faz!

Então, na verdade, isso de não ser muito articulado
é uma coisa meio... inteligente
para disfarçar o fato de nos tornarmos
a geração mais agressivamente desarticulada desde...
sei lá, um tempão atrás!

Eu imploro, eu suplico, eu encorajo...
eu desafio vocês a falarem com convicção.
Argumentem de uma forma que transmita
a determinação com que acreditam naquilo.
Porque, diferentemente do que diz o adesivo de protesto,
hoje em dia não basta questionar a autoridade.
É preciso falar com ela também.

– Taylor Mali

ENCONTRANDO MENTES GENIAIS

A verdadeira educação causa desigualdade: a desigualdade
da individualidade, a desigualdade do sucesso,
a gloriosa desigualdade do talento, da genialidade.

FELIX E. SCHELLING (1858-1945), *educador americano*

Sei muito bem como é ficar frente a frente com alguém que tem metade da minha idade e o dobro da minha potência cerebral. A estudante mais inteligente que tive o prazer de fingir que estava ensinando se chamava Ellen Perlman.

No início da década de 1990, recém-saído do mestrado, eu morei um tempo no sul do estado do Maine e fui editor assistente de uma pequena revista literária. Para pagar as contas, eu também trabalhava como professor substituto e professor particular para a Princeton Review, uma empresa especializada em cursos para as provas do SAT (o vestibular para os americanos) e de mestrado. Depois de um ano com três empregos, consegui um cargo permanente de professor na escola Cape Cod Academy, que precisava urgentemente repor a vaga de alguém que havia se mudado para outra cidade no meio do ano letivo. Aquele professor ensinava inglês, supervisionava a revista literária da escola e orientava todos os alunos do ensino médio na preparação para o SAT. Aquele emprego parecia ter sido feito sob medida para mim.

Eu tinha começado a trabalhar nessa escola havia menos de duas semanas quando aconteceu o catastrófico terremoto de Kobe, no Japão, que indiretamente resultou em duas novas alunas para a minha turma de preparação para o SAT. Uma delas, a simpática Sarah, do 2º ano, tinha acabado de voltar de um intercâmbio em Kobe, já que a destruição na infraestrutura da cidade tornou mais difícil terminar os estudos por lá. Ela se juntou à minha turma porque a preparação era obrigatória para todos os alunos do 2º ano. Todos, com exceção de uma.

Ellen Perlman, a melhor amiga de Sarah, não precisava dessa aula porque era um gênio. Todos sabiam disso. Ela já havia feito a prova do SAT no início do ano, antes mesmo de eu chegar àquela escola, e gabaritara as questões. Mesmo assim, como Sarah voltou e veio estudar comigo, Ellen se juntou à turma porque seria melhor acompanhar a amiga do que ficar na biblioteca lendo sozinha as revistas *The New Yorker* e *Paris Match*. Durante várias semanas, ela não abriu a boca na aula, e comecei a me perguntar por que todos a consideravam tão brilhante. Até que um dia, quando eu estava com dificuldade de explicar um problema de matemática, ela levantou a mão e se ofereceu para sugerir uma solução.

Gostaria de lembrar exatamente qual era o problema, mas só recordo que era complicado, envolvendo geometria e algumas variáveis. Eu estava me esforçando, desenhando a figura no quadro, mas pelejava para fazer os alunos entenderem minha explicação quando ela disse algo mais ou menos assim:

Sr. Mali, talvez fosse uma boa opção considerar o problema da seguinte forma: espelhe o retângulo que o senhor desenhou no eixo AB de forma que obtenha um quadrado. Agora imagine que o quadrado é a base de uma pirâmide que se projeta na sala e cujos pontos se encontram a uma distância X do quadro-negro. A distância entre X e o ponto C é obviamente a raiz quadrada da soma dos quadrados de AB e de BX, certo?

Fiquei boquiaberto. A lógica dela era engenhosa, intuitiva e surpreendentemente brilhante. Acho até que posso ter me prostrado no chão, com os dois braços estendidos em direção a ela, como em reverência a uma divindade, dizendo: "Não sou digno!"

A resposta de Ellen fazia todo o sentido. Quando você finalmente conseguia acompanhar o pensamento dela, a questão ficava clara. Considerar o problema de seu ponto de vista – tão singularmente belo, criativo e luminoso – era de fato uma "boa opção".

Houve muitos outros momentos em minha carreira de professor nos quais me dei conta, num único lampejo de clareza, que estava lidando com alguém cujo cérebro funcionava melhor que o meu. Alguém com uma mente mais ágil, perspicaz, com maior destreza cognitiva. Simplesmente mais inteligente do que eu. Mas não há problema nisso. Na verdade, trata-se de uma bênção – uma bênção de humildade. Os professores não podem cometer o erro de sempre acharem que são a pessoa mais inteligente da sala.

O ALUNO SE TORNA O PROFESSOR

Você ensina melhor aquilo que mais precisa aprender.

RICHARD BACH (1936-), *escritor americano*

Alguns anos atrás, fui o "escritor convidado" na Escola Americana de Londres (ASL) durante uma semana. Os alunos da ASL eram representativos das escolas internacionais de qualquer lugar do mundo: um arco-íris global de filhos de diplomatas e de executivos. Os estudantes com quem trabalhei especificamente estavam animados para aprender os diferentes tipos de poesia que eu queria ensiná-los a escrever. Mas suspeito que o que ensinei aos alunos naquela semana não foi o que eles irão lembrar daquele tempo que passei com eles.

Durante os três primeiros dias – de segunda a quarta-feira – dei duas aulas de 45 minutos por dia para todo o 8º ano. Isso nos garantia tempo suficiente para analisar os poemas que eles haviam escrito como dever de casa, discutir o novo tipo de poema que teriam que compor, ler alguns exemplos clássicos e responder a perguntas. E claro que dava tempo para escrever em sala também. Eu não podia ter sonhado com horário e número de aulas melhores. Consegui ensinar poesias sensoriais, sobre objetos inanimados, sonetos, haicais e também de memórias, baseadas no famoso poema "I remember", de Joe Brainard, e vários outros tipos. Mas um trabalho funcionou melhor que todos os outros, e dedicamos toda a quinta-feira a ele. Naquele dia, meus alunos do 8º ano ensinaram a turma do 3º ano do ensino fundamental como escrever seu tipo favorito de poesia.

Pedi aos professores do 3º ano que levassem suas turmas para a biblioteca. Já havíamos decidido qual aluno do 8º ano ficaria com qual criança (ou quais crianças) do 3º. No início da aula, os estudantes iam se conhecendo enquanto eu explicava o que faríamos. A partir disso os grupos se reuniam para escrever juntos o poema, uma criança "grande" de 12 ou 13 anos e uma ou duas "pequenas" de 8 ou 9. Soube que estavam fazendo um ótimo trabalho porque eu mesmo não tinha *nada* para fazer. Visitei cada mesa e fiquei espiando, escutando como meus alunos escolhiam explicar os conceitos que tinham acabado de aprender alguns dias antes. Tirei várias fotos e sorri muito, todo bobo.

Quando tive a ideia desse projeto, não lembro se já conhecia as pesquisas que sugerem que a melhor forma de aprender algo é ensiná-lo a outra pessoa imediatamente. Com certeza ainda não escutara falar de grupos como o Breakthrough Collaborative, uma escola de férias para crianças carentes, mas bastante motivadas, do 6º ao 9º ano, onde os professores são na verdade alunos de ensino médio e faculdade. Mas eu já sabia que isso dava certo. O ato de ensinar algo a outra pessoa reforça mais aquele conteúdo no seu cérebro do que qualquer outro método. Ao saber que teriam que ensinar aquela matéria na quinta-feira, meus alunos do 8º ano prestaram muito mais atenção na aula no início da semana.

No fim do período, nós nos juntamos no canto mais aconchegante da biblioteca e lemos as poesias em voz alta. Crianças de toda parte do mundo ouviam com atenção os poemas umas das outras, que às vezes declamavam com alguma ajuda de seus mentores mais velhos. Eu me sentei ao lado dos professores do 3º ano e de duas bibliotecárias, e meu sorriso bobo só era interrompido de vez em quando por lágrimas silenciosas.

MEU MELHOR DIA COMO PROFESSOR

Não se pode ensinar nada a um homem; você pode apenas ajudá-lo a encontrar aquilo dentro de si mesmo.

GALILEU GALILEI (1564-1642), *físico e astrônomo italiano*

O melhor momento da minha carreira de professor (e houve muitos maravilhosos) aconteceu no Kansas, no início da década de 1990, e envolveu uma daquelas situações em que o aluno tem uma compreensão súbita. Conto a história toda num outro poema meu chamado "Tipo Lilly Tipo Wilson", mas vou dizer basicamente o que aconteceu – na poesia, mudei alguns detalhes que identificariam a aluna.

Naquela época, na cidade de Manhattan, no Kansas, eu era aquele sujeito alternativo vindo de Nova York, com rabo de cavalo, dono de um Mustang preto conversível – provavelmente o pior carro para aguentar os invernos da região, mas maravilhoso para passear nas colinas da área rural do nordeste do Kansas no outono e na primavera. Então, quando a aluna que chamarei de Lilly Wilson me disse que queria escrever um ensaio argumentando de forma persuasiva que a adoção de crianças por casais gays deveria ser ilegal, eu não disse nada, com medo de que, se eu tentasse dissuadi-la, estaria provando ser o que todos achavam mesmo que eu era – um esquisitão de cabelo comprido hippie e marxista – e ela ficaria ainda mais resoluta em sua opinião. Apenas lembrei a ela todos os requisitos para aquele trabalho, o número de fontes diferentes que precisaria consultar e as perguntas que deveria fazer a si mesma para confirmar se aquelas fontes eram mesmo confiáveis e sólidas.

Depois de apenas alguns dias de pesquisa, Lilly me procurou perguntando se poderia mudar de opinião, porque todas as evidências que descobrira derrubavam seu argumento inicial. Em "Tipo Lilly Tipo Wilson", eu escrevi o que queria dizer a ela: "Você faz com que eu me sinta um verdadeiro professor, e quem poderia querer sentir algo mais do que isso?" Mas há outra série de versos que descreve mais precisamente o que estava acontecendo comigo na época e por que considero aquele o melhor dia da minha carreira de professor:

E quero dizer a ela...
[que] mudar de opinião é uma das melhores formas
de descobrir se você realmente tem uma.
Ou que a mente é como um paraquedas:
não importa o que carrega
contanto que abra
no momento certo.

Talvez eu tenha lido esses versos em algum adesivo de para-choque na minha juventude, mas existe lição maior do que ensinar alguém a ter a mente aberta? Não há resultado mais recompensador na educação de alguém, e isso foi chamado pelo filósofo americano William Durant de "uma descoberta progressiva de nossa ignorância". É uma das duas definições de educação que me vêm à mente quando penso em "Tipo Lilly Tipo Wilson". A outra definição é, claro, de George Bernard Shaw: "Uma sucessão de revelações, cada qual refutando uma crença que se tinha anteriormente."

A lição que tirei daquele momento foi a de que nunca serei capaz de ensinar nada a meus alunos tão bem quanto eles podem ensinar a si mesmos, caso tenham essa oportunidade. Talvez esta seja a definição certa para um professor: alguém que torna o aprendizado possível, o que muitas vezes significa simplesmente preparar o terreno para o aluno ensinar a si próprio.

E-MAIL, ISLÃ E ILUMINAÇÃO

Um dos melhores trabalhos que passei para uma turma era chamado não oficialmente de Projeto Amigo Muçulmano da Internet. Eu dava aula de história medieval para o 7º ano em Nova York, e um dos capítulos do nosso livro era sobre a fundação e a rápida disseminação do Islã. Isso foi no final da década de 1990, quando o mundo ainda não havia sido virado de cabeça para baixo pelo 11 de Setembro, mas mesmo naquela época eu percebia nos estudantes uma atitude preconceituosa em relação aos muçulmanos.

No primeiro ano que ensinei aquele capítulo sobre islamismo, meus alunos contaram várias piadas de mau gosto sobre motoristas de táxi, o que era até compreensível, porque em Nova York os únicos muçulmanos que aqueles estudantes conheciam eram motoristas de táxi. Mas aquilo estava errado, e eu sabia disso, mesmo que nunca fosse capaz de fazê-los entender por quê. Então no ano seguinte decidi abordar aquele capítulo de modo diferente.

Criei um plano e pedi ajuda a algumas pessoas. A única família muçulmana que eu conhecia era a de um aluno turco da minha turma do 6º ano de história da Antiguidade. Ele não podia participar do projeto porque estava em outra turma, mas a mãe dele me ajudou mesmo assim, dando-me nomes e e-mails de alguns amigos da família na Turquia, inclusive crianças da mesma idade dos meus alunos. Uma amiga muçulmana da minha época de mestrado fez a mesma coisa com membros de sua família no Paquistão e com amigos dela que ainda cursavam o ensino superior em vários estados americanos. Com isso consegui fazer pares entre cada aluno meu de história medieval e um correspondente on-line seguidor do islamismo, um Amigo Muçulmano da Internet.

Nem todos os meus alunos tinham um e-mail pessoal, como provavelmente teriam hoje, portanto o supervisor de informática da escola criou contas de e-mail especiais para todos eles. Durante vários dias, passamos uma parte de cada aula elaborando questões que acreditávamos ser apropriadas, por exemplo, "Como é jejuar um mês inteiro no ramadã?" e "Qual dos cinco pilares da fé você acha mais difícil de praticar?". Então fomos para a sala dos computadores e todos escreveram para seus correspondentes, apresentando-se e fazendo aquelas perguntas. Pedi que os alunos me copiassem em todos os seus e-mails e instruíssem seus pares on-line a fazer o mesmo.

Esperamos alguns dias antes de retornar à sala dos computadores, período em que nos dedicamos mais àquele capítulo e elaboramos novas e melhores questões. Finalmente chegou o dia em que veríamos se havia e-mails de resposta. A maioria dos correspondentes respondeu. Os poucos alunos que não receberam nada tiveram que compartilhar com outros colegas os amigos muçulmanos mais inclinados a escrever de volta. Como a turma ficou animada! Todos queriam que eu lesse como seu correspondente havia respondido a suas questões. Eles estavam trocando mensagens com pessoas nascidas do outro lado do mundo – mesmo que algumas estivessem estudando ali na Universidade de Colúmbia, a poucos quilômetros de distância.

O que descobrimos – e isso foi uma surpresa para mim também – é que a maioria dos Amigos Muçulmanos não se considerava um praticante exemplar da religião. Alguns nem jejuavam durante o ramadã, outros nem sabiam quais eram os cinco pilares da fé. Todos se consideravam muçulmanos, claro, mas isso não era o que mais os definia como indivíduos. Esse foi o ponto de partida de várias discussões excelentes em sala sobre fé e identidade. Descobrimos que ninguém naquela turma, inclusive eu, sabia recitar todos os dez mandamentos de cabeça.

Quer saber sobre quais assuntos a maioria dos Amigos Muçulmanos da Internet preferia conversar? Michael Jordan e os Chicago Bulls, que estavam arrasando no basquete naquela época. NBA, programas de TV americanos e cultura pop eram os principais tópicos. Alguns de meus alunos se sentiram aliviados com isso e se empenharam ainda mais no projeto. Os mais sábios acharam aquilo curioso e talvez um pouco triste. Mas todo mundo abriu os olhos, e ninguém mais fez piadas preconceituosas sobre motoristas de táxi naquele ano ou nos anos seguintes enquanto dei aula naquela escola. Na verdade, em mais de uma manhã de segunda-feira, ouvi histórias sobre papos que meus alunos tiveram com simpáticos motoristas de Nova York.

LIÇÕES QUE VOCÊ PODE TOCAR

O que precisamos aprender a fazer, nós aprendemos fazendo.

Aristóteles (384-322 a.C.),
filósofo grego

Sou um grande fã de projetos que requerem que se construa ou se desenhe algo para demonstrar a compreensão sobre um tópico. Misturar elementos, pôr a criatividade a serviço do aprendizado – tudo isso faz parte do trabalho de um bom professor. Meu antigo rival de competições de poesia, Daniel Ferri, também professor e poeta, tem um poema chamado "Dia ao contrário",[3] descrevendo métodos inovadores e diferentes para aprender vários tipos de lição:

[3] " Backwards Day". Originalmente publicado em *Poetry Slam: the Competitive Art of Performance Poetry*. Ed. Gary Mex Glazner. (Manic D Press, 2000). Republicado com permissão do autor.

Como dever de matemática
Descreva as propriedades associativa, distributiva
e comutativa
Da dança
Coreografe, dance, mostre como chegou ao resultado
Quem errar passos perde pontos

Como dever de história
Prepare duas músicas para marchar na Guerra Civil
Uma para o Norte, outra para o Sul
Cante em harmonia a quatro vozes, mostrando
emoção
Quem desafinar perde pontos

Como dever de literatura
Crie uma escultura que expresse a coragem solitária
de Hester Prynne
A covardia de seu amante
A beleza e a estranheza de sua filha

Como dever de ciências
Traga uma torradeira, maçaneta ou brinquedo
quebrado
Conserte-o
Quem criar algo novo com as partes descartadas
ganha ponto extra
E quem ler o manual de instruções perde pontos

Independentemente da matéria ou da idade dos alunos, os professores devem utilizar o desejo e a habilidade natural da criança de construir, criar, inovar e se expressar. Uma vez, decidi fazer uma experiência com isso: inventei o projeto Escudo Grego para minha turma de história da Antiguidade.

A tarefa era simples: construir um escudo a partir do conhecimento do aluno de imagens e descrições dos tipos de escudo usados nas cidades gregas de Atenas e Esparta. Mas havia um desafio. O escudo não podia ser uma coisa molenga, de cartolina; teria que ser um escudo realmente capaz de proteger a pessoa de ataques... por uma espada. E todos sabiam de que espada eu estava falando. No ano anterior, eu havia levado minha turma de história medieval para uma excursão ao estádio Medieval Times, de uma cadeia americana de arenas onde são encenados torneios e duelos. No fim do passeio, comprei uma réplica de metal, em tamanho real, de uma espada estilo Excalibur, que poderia muito bem ser igual às usadas pelos Cavaleiros da Távola Redonda. Eu a mantinha trancada num armário da sala de aula, e ela ficou conhecida como a Espada do Reino, nome que eu sempre declamava com a entonação de um guerreiro medieval e que sempre era respondido pela classe com um grito reverencial: "Uh-Rá-Rá!"

Eu disse aos meninos – era um colégio só para garotos, mas eu teria passado a mesma tarefa para uma turma mista – que, no dia da entrega dos escudos, eu iria atacar cada um deles com a espada e, se a espada perfurasse o escudo e causasse ferimento ou morte, então além de tudo eles iriam tirar nota baixa. Eles adoraram essa expectativa do perigo, embora, na verdade, os escudos não fossem estar nas mãos dos alunos na hora do ataque, e sim apoiados numa estrutura de madeira construída especialmente para isso pelo zelador da escola.

Havia, claro, um elemento artístico no projeto Escudo Grego.

De fato, 30% da nota era baseada simplesmente em quão colorido e criativo fosse o escudo. Nós já tínhamos visto imagens de escudos tradicionais da Antiguidade, e meus alunos sabiam exatamente quanto poderiam se desviar desses exemplos em termos de cores. Outros 30% da nota estavam reservados para o que chamamos de *engenhosidade estrutural* – a forma que cada menino escolheu para resolver o problema de como manter o escudo firmemente seguro no braço.

Mas a parte mais importante desse trabalho – os 40% restantes da nota – estaria na eficácia do escudo, ou, como chamamos, sua *integridade defensiva*. Quando o escudo de cada aluno fosse colocado na estrutura de madeira, de que maneira iria suportar dois golpes diretos da Espada do Reino (Uh-Rá-Rá!)? O primeiro golpe seria violento, o que chamamos de Teste de Impacto, e o segundo seria um golpe mais elegante de estocada, que chamamos de Teste da Espetada. Iríamos saber o resultado no dia em que os escudos fossem entregues, que ficou conhecido como o Dia dos Golpes.

O Dia dos Golpes foi no início de abril, e como me arrependo de não ter fotografado os meninos com seus escudos se aglomerando na calçada em frente à escola, antes de a aula começar – não apenas pela visão gloriosamente incongruente dos estudantes em seus uniformes impecáveis de escola particular carregando escudos gregos coloridos, mas pelo olhar de orgulho e alegria no rosto deles. As expressões dos alunos que não eram da minha turma, bem como as das pessoas que passavam pela rua, variavam da inveja a um temor curioso.

A resistência de cada escudo aos ataques variou de acordo com o material escolhido para montá-lo. Vários alunos fizeram seus escudos a partir daqueles discos de plástico circulares usados para deslizar na neve. Esses não foram páreo para a Espada do Reino (Uh-Rá-Rá!). O Teste do Impacto geralmente rachava o plástico, e em seguida eu enfiava a espada por essa rachadura no Teste da Espetada. Os escudos feitos com tampas de lata de lixo de metal sobreviveram ao Teste do Impacto, fazendo um barulhão dramático e gratificante, mas eram facilmente perfurados pela lâmina de metal no Teste da Espetada. Surpreendentemente, os escudos feitos de madeira foram os que mais aguentaram os golpes. E isso fez todo o sentido, porque era justamente o material usado pelos gregos antigos em seus escudos.

O Dia dos Golpes foi um grande sucesso. Pena que a política de segurança da escola não permitia que os próprios alunos atacassem os escudos com a espada. E claro que acabei pendurando os escudos mais coloridos e destruídos na parede da sala de aula, onde serviam como lembranças vivas da história em ação, do Dia dos Golpes e da Espada do Reino (Uh-Rá-Rá!).

O VALOR DO QUE NÃO PODE SER MEDIDO

A educação é algo admirável, mas às vezes é bom lembrar que tudo o que mais vale a pena saber não pode ser ensinado.

OSCAR WILDE (1854-1900), *poeta e dramaturgo irlandês*

Apesar de todo o avanço científico e das descobertas da medicina, o cérebro humano e seus mecanismos permanecem, em grande parte, um mistério para nós, e isso acaba afetando as políticas educacionais e a forma como ensinamos nossas crianças.

Todo consultor de empresas costuma dizer: "Se você não pode medir algo, então não sabe o que é." Será? Curiosidade, imaginação, o processo da educação, as formas complexas de aprendizado e mesmo o modo como o cérebro humano realmente funciona – ninguém sabe de fato como quantificá-los, nem o que os estimula.

Não é à toa que o professor acaba tomando o caminho mais fácil, aderindo cegamente à ementa oficial para cada matéria, aquela que prepara os alunos para testes padronizados que medem a compreensão deles sobre os tópicos incluídos nessas ementas.

"E daí se os alunos ficarem entediados?", um professor desencantado pode perguntar. "Em menos de ano, eles não serão mais problema meu, e ainda terei meu emprego."

Há um ditado budista que diz: "Usar força demais para se atingir um objetivo pode levar ao oposto do que se queria." Qualquer um que tenha sido obrigado a ensinar estritamente o conteúdo para a prova e visto as notas dos alunos caírem mesmo assim sabe por experiência própria que os budistas estavam certos.

No verão de 2011, recitei "O que os professores fazem" numa passeata da categoria em Washington, cuja palavra de ordem era "Salvem nossas escolas!". Era um sábado de julho de calor escaldante, e eu dividi o palco com alguns visionários da educação como Diane Ravitch e Jonathan Kozol. Mas o discurso mais aguardado era o do ator Matt Damon, que recentemente se tornou um grande defensor da causa dos professores e do ensino público. Após ser apresentado pela mãe dele, Nancy Carlsson-Paige, professora da educação pré-escolar, Damon disse o seguinte sobre a importância do ensino público em sua formação:

> *Quando reflito sobre minha vida hoje e sobre as coisas que mais valorizo em mim mesmo – minha imaginação, meu amor pela arte dramática, minha paixão por escrever, minha vontade de aprender mais, minha curiosidade –, constato que tudo isso veio da forma como fui criado por meus pais e guiado pelos meus professores. E nenhuma dessas qualidades que valorizo tão profundamente, que me trouxeram tanta felicidade e tanto sucesso profissional e que fazem de mim o que sou, nenhuma delas pode ser medida.*

Se fosse permitido aos professores ensinar da forma que eles mesmos julgam ser a melhor, eles poderiam planejar lições e atividades que iriam estimular em seus alunos uma busca apaixonada do conhecimento ou simplesmente uma curiosidade saudável. Eles poderiam descobrir, como eu, que o progresso em todas as áreas cognitivas será maior se todas elas forem trabalhadas simultaneamente, em vez de se concentrarem em uma de cada vez. Ou seja, aprender uma língua estrangeira é mais fácil se o aluno também estiver memorizando conceitos matemáticos, trabalhando com aquarela, aprendendo a tocar um instrumento, tentando plantar uma árvore a partir da semente do abacate e aprendendo a andar de bicicleta. Não sei por quê. Só sei que é assim. Outros professores também. O que eles fazem? Eles fazem uso de seu conhecimento – quando têm liberdade para isso.

NINGUÉM SAI CEDO DA MINHA AULA POR RAZÃO ALGUMA

Talvez o resultado mais valioso da educação seja a habilidade que dá à pessoa de fazer o que tem que ser feito, quando é preciso, querendo ou não.

WALTER BAGEHOT (1826–1877), *economista, ensaísta e crítico inglês*

No meu primeiro ano ensinando alunos do 6º ao 9º ano, aprendi que, quando a turma fica um pouco entediada ou tensa, alguns começam a pedir para sair e beber água ou ir ao banheiro. Os adultos fazem a mesma coisa em reuniões ou festas. Às vezes simplesmente não queremos estar ali, então buscamos uma oportunidade para quebrar a rotina.[4] Quem

[4] Eu deixei de lecionar antes de os celulares se tornarem tão disseminados como são hoje, por isso nunca tive que lidar com alunos passando SMS em sala de aula. Uma enfermeira que trabalha numa escola me contou recentemente a sua estratégia diabólica favorita para lidar com o problema. Ela pega o celular confiscado do aluno expulso de sala e manda um SMS para todos os colegas da lista dele com a seguinte mensagem: "Invente uma desculpa para sair de sala e venha me encontrar na enfermaria AGORA!" Então fica esperando todos os outros colegas que vão aparecer, para mandá-los, um por um, à sala do diretor.

nunca inventou uma desculpa para se livrar de uma situação difícil ou chata? Mesmo assim, meus alunos precisam saber que faz parte da vida aprender a suportar essas situações e fazer o que é preciso, mesmo quando você não está com vontade. Por isso instituí a seguinte regra: ninguém terá permissão para sair de sala por razão alguma. Nunca. Abri algumas exceções para meninas, mas, quando eu estava em escolas apenas para meninos, meus alunos só saíam da sala na hora do intervalo.

Eu não estava tentando ser mau nem ensinar uma lição dura sobre a vida. Oportunidades para grandes lições acontecem em sala quando menos se espera, e eu achava que seria uma pena um aluno perder isso simplesmente por ter dificuldade de manter a concentração ou por cultivar o hábito de escapar quando as coisas se tornam menos confortáveis.

Em pouco tempo meus alunos desistiam de pedir para sair de sala. Eles ficavam o período inteiro, não importava o que estivesse acontecendo, e se sentiam obrigados a prestar atenção mesmo que não quisessem. E isso era exatamente o que eu queria – e estava tentando ensinar a eles – em primeiro lugar.

FOI MAL! (DESCULPAS SINCERAS)

Nunca deixei que a escola interferisse
na minha educação.

Mark Twain (1835–1910),
escritor americano

Ensinar a pedir desculpas quando estamos errados provavelmente não faz parte de nenhum currículo oficial de ensino, mas aprender a fazer isso é uma habilidade e uma arte, uma necessidade absoluta. E com certeza fazia parte das minhas aulas.

Meus alunos e eu praticávamos pedidos de desculpas e discutíamos nuances de deboche, humor, sensibilidade e arrependimento. Alguns podem discordar, mas acredito que uma frase que começa com "Eu lhe devo desculpas" não é um pedido sincero. Se você deve dinheiro a alguém, sua dívida não será paga simplesmente ao admitir que deve. Você precisa pagar. No caso das desculpas, deve-se realmente dizer "Me desculpe", sem qualquer qualificação antes ou depois. Isso significa jamais dizer "Me desculpe se ofendi alguém". Isso é coisa de político, não é sincera. E nem tente a velha "Eu estava brincando!" depois de um insulto, porque isso não transforma a ofensa automaticamente numa brincadeira.

Ryan, um aluno meu do 6º ano, era animado e inteligente. Tinha um temperamento difícil, mas que na maioria das vezes até conseguia manter sob controle. Imagine um pavio curto e molhado: difícil de acender, mas perigoso uma vez que pegasse fogo. Alguns dos colegas da turma gostavam de testar Ryan, querendo ver se conseguiam fazê-lo explodir. E, quando isso acontecia, eram socos e cotoveladas por todo lado, e alguns se machucavam. A vítima nesses acessos era geralmente um garoto chamado Bart, mas a verdade é que Bart era também o pior provocador.

Quando eu colocava Ryan e Bart juntos após um desses confrontos, Bart soluçava e derramava convincentes lágrimas de crocodilo enquanto tentava se justificar dizendo que não fizera nada de errado e tinha evitado brigar. As desculpas deveriam vir de ambos os lados, claro, mas as que Bart dava a Ryan eram as mais úteis e as mais honestas: "Me desculpe por eu ter me divertido provocando você. Prometo que vou parar de fazer isso." A desculpa mudava o rumo da conversa, da consequência para a causa, e todos saíam da situação com uma ideia melhor do que deveriam trabalhar dentro de si mesmos.

Essa lição não aparecia em teste nenhum, mas deveria ser incluída num curso de reciclagem de vez em quando.

GEN: GRÁFICO ELETRÔNICO DE NOTAS DO MALI

Eu costumo me virar bem com o computador, desde que seja um da Apple. Comprei meu primeiro Mac em 1985 e nunca tive um sequer de outra marca. Portanto, quando iniciei a carreira de professor, usei planilhas do software ClarisWorks para tabular notas de testes, provas, redações e tudo o mais que contava para as notas finais dos meus alunos. Eu me tornei um homem obcecado por fórmulas e tabelas e pelo tipo de cálculo que teria me deixado trabalhando até tarde da noite mas que o computador pode fazer num piscar de olhos. Mesmo assim, quando me reunia com um aluno para discutir seu progresso na minha matéria, eu tinha que colocar uns pedaços de papel para cobrir as notas dos outros colegas, ou então precisava imprimir somente a tripinha mostrando os números dele. Ficava muito feio. Isso continuou até o dia em que um professor de matemática me disse que eu não deveria usar um programa de planilhas. "Você precisa é de um banco de dados."

Nos meus últimos quatro anos dando aula em escolas, descobri um aplicativo de banco de dados chamado FileMaker e utilizei-o para criar um livro de notas eletrônico que revolucionou não só o meu registro de informações, como também a forma como eu interagia com os alunos ao falar do desempenho deles. O banco de dados é como uma planilha, mas não é preciso olhar para todas as outras informações o tempo todo. Pode-se personalizar e criar layouts que contenham apenas o que se deseja mostrar de acordo com a situação. Tipos diferentes de informação são obtidos facilmente com um simples clique em cada opção de exibição. Eu criei minha tabulação de notas dos alunos de acordo com minhas necessidades, claro, mas, como eu queria que ela fosse útil também para outros professores, comecei com algumas premissas básicas que achei que iriam funcionar para meus colegas.

Parti do princípio de que a maioria dos professores gostaria de determinar a nota final de cada aluno usando uma média de conceitos com pesos diferentes, incluindo variáveis como participação e presença em classe, atrasos e comportamento. Alguns pontos poderiam ser médias por si sós, como, por exemplo, média dos deveres de casa, dos testes, das provas ou dos trabalhos. Os professores poderiam mexer no programa para dar mais peso a algumas categorias, decidindo quais iriam contar mais na nota final. O meu modelo de tabulação eletrônica de notas foi adotado por muitos professores naquela escola, e isso mudou minha abordagem de avaliação de várias maneiras.

Em primeiro lugar, o programa me permitiu acompanhar o desenvolvimento do aluno facilmente durante todo o ano, em vez de esperar até a semana antes do prazo para dar notas e ficar acordado até tarde fazendo contas ou descobrir na última hora que alguns estudantes nem tinham entregado certos trabalhos. Com o sistema eletrônico, eu podia estar sempre atualizado a respeito de tudo, porque também era fácil e divertido. Eu vivia chamando os alunos para olharem os gráficos, as tabelas e as projeções com as notas deles. Podia gerar diferentes cenários para ver que nota eles precisariam tirar nos próximos testes para passar na matéria ou manter o bom desempenho. Graças a isso, não havia nenhuma surpresa no fim do ano.

De acordo com a matéria ou o tipo de trabalho que passamos para a turma, dar notas pode ser uma arte bem subjetiva. O professor precisa ser capaz de explicar por que o trabalho de um aluno é inaceitável, o de outro é mediano e o de um terceiro é acima da média ou mesmo exemplar. Eu certamente poderia fazer isso, tanto em comentários nas provas quanto numa conversa particular. Mas, na hora de explicar ao aluno, eu achava superconveniente ter a genialidade matemática do computador comprovando a exatidão de minhas notas, sem dar margem para reclamações de injustiça. Fica difícil argumentar contra um número como 86,142857. "Está acima da média. Parabéns! Próximo!"

A tabulação eletrônica de notas também ajudava a criar os comentários que os professores precisavam escrever sobre cada aluno no fim do ano – junto com a nota final e o conceito de participação. A maioria dos professores começava com um parágrafo-padrão sobre o que a classe tinha estudado durante o ano e então escrevia um trecho comentando especificamente o progresso de cada aluno. Eu não. Usando as várias funções do meu banco de dados, meu relatório inteiro era personalizado para cada estudante. Tanto os pais quanto os administradores da escola se perguntavam como eu conseguia produzir tão rápido aquela quantidade de análise.

A verdade é que o programa estava realizando a maior parte do trabalho de encontrar o padrão de aprendizado e de hábitos de cada aluno. Tudo o que eu precisava fazer era informar que tipos de comportamento ele deveria procurar e que tipo de comentários gerar sempre que esses padrões fossem identificados. Por exemplo, boas notas em testes surpresa e notas mais baixas em provas marcadas em geral significam que o aluno sofre de ansiedade em dia de prova ou está com dificuldade com as perguntas discursivas. Mas o oposto (nota baixa em teste surpresa, nota alta nos exames marcados) indica que o aluno é inteligente mas tem preguiça de estudar ou fazer dever no dia a dia, deixando para estudar bastante em véspera de prova.

Levei horas e horas escrevendo códigos que iriam identificar esses padrões e gerar o que chamei de "comentários esquemáticos" que eu então iria analisar e personalizar mais, porque obviamente nem toda criança com nota final 72 merece o mesmo comentário – depende de que nota o aluno tinha na metade do ano. Reconhecer a tendência do desempenho de cada aluno era o fator principal. Por isso, a linguagem básica do comentário esquemático que o programa de computador sugeria como correta dependia em grande parte de duas coisas: se a nota final do estudante era mais alta ou mais baixa do que a que ele teve no meio do ano e se a diferença era notável, relevante ou quase imperceptível.

Nesse caso em particular, a tecnologia me ajudou a ser um professor melhor. Eu adorava essa ferramenta, que me tornou mais atento ao progresso de meus alunos e mais hábil em identificar as áreas em que cada um precisava melhorar. Não pensem que foram os testes e notas que me tornaram um professor melhor, mas sim a forma como eu era capaz de responder àqueles resultados criando estratégias mais eficazes para cada aluno. Os professores, se tiverem sorte e recursos, utilizam-se da tecnologia que pode ajudá-los a ser ainda melhores.

TRUNCADO X ARREDONDADO

Meu programa de tabulação de notas no computador acabou me ajudando a repensar o conceito de "arrendondar". Eu percebi que arredondar números é uma invenção humana meio preguiçosa, empregada para ajudar a facilitar cálculos. Mas computadores não precisam disso. Por que, então, eu ainda tenho que arredondar? Descobri que não tenho. No sistema americano, damos conceitos de A a E como nota final. Ora, se um conceito A- começa com nota 9, e a média do estudante é 8,95, bem, então não é o mesmo que 9, certo? No final do ano, quando cada aluno acumulou vários meses de notas, fica muito difícil empurrar sua média total para cima ou para baixo, a não ser que um teste ou prova específica tenha um peso bem maior na nota final. Se o aluno espera um "presente" não merecido de meio ponto simplesmente porque há 25 anos a maioria dos professores teria feito isso só para facilitar o trabalho deles... bem, não sou eu que vou dar.

PROFESSORES FAZEM, SIM, BOM USO DA TECNOLOGIA

> O inventor desse sistema merece ser considerado entre os maiores colaboradores da educação e da ciência, senão um dos maiores benfeitores da humanidade.
>
> Josiah F. Bumstead (1797–1859), *sobre a invenção do quadro-negro*

Sou um grande defensor da memorização cobrada nos velhos tempos, talvez um dos seus últimos fãs declarados. Como preciso decorar poesias para declamar, sei que a memória é um músculo que quanto mais se usa mais forte fica. Em todas as minhas turmas, não importava a matéria, havia sempre uma boa porção de decoreba necessária, fosse o quadrado de cada número até 20, os fatores que contribuíram para a queda do Império Romano ou um simples poema para recitar diante da classe. Todas as matérias que ensinei continham minilições de mnemônica, um sistema para desenvolver ou aprimorar a memória, e em várias ocasiões pedi aos alunos que criassem suas próprias fichas de estudo.

Enquanto elaborava e melhorava o meu programa de notas no FileMaker, percebi que um arquivo ou documento poderia ser configurado para um único usuário ou para múltiplos usuários. Isso significava que várias pessoas podiam modificá-lo ao mesmo tempo – por exemplo, todos os meus alunos. Fiquei animadíssimo. Eu só precisava do projeto certo para isso. Decidi usar o FileMaker para ajudar meus alunos de história da Antiguidade a desenvolver um conjunto eletrônico de fichas de estudo que poderia ser expandido infinitamente e ser usado por todos na turma a fim de se preparar.para o próximo teste.

Como dever de casa, alguns dias antes de um teste, pedi aos alunos que bolassem 15 perguntas de revisão. Enquanto isso, eu ia estabelecendo as funções do fichário no computador: havia um botão para criar novas fichas e outro para classificar o nível de dificuldade de cada questão.

Finalmente chegou o dia de ir para o laboratório de informática da escola e criar as fichas de estudo. Todos trouxeram suas perguntas e respostas, e quando eu disse aos alunos que eles podiam começar a frazer suas fichas no computador, a sala se encheu daquele belo silêncio de alunos concentrados se esforçando em seu trabalho. Dave Stevenson, o supervisor de informática da escola, olhou para mim e sorrimos. "Este é o som do sucesso", ele sussurrou para mim.

Ninguém precisou perguntar o que deveria fazer, e como consequência ninguém ficou tentado a incomodar o colega. Todos tinham uma tarefa que eram capazes de fazer sozinhos e estavam animados para realizá-la. Logo os estudantes perceberam que o fichário estava crescendo numa velocidade 10 vezes mais rápida do que estaria se cada um estivesse trabalhando individualmente. Depois de digitar apenas algumas questões cada um, o número total de fichas já era bem maior que 30! Eles começaram a ler e comparar as perguntas uns dos outros e a revisar suas próprias questões para aprimorá-las.

Ao final da aula, todos estavam clicando nas fichas, editando as questões e vendo quantas respostas eles sabiam. Também estavam avaliando o grau de dificuldade de cada ficha, e isso levava a várias discussões sobre o que fazia uma questão ser boa. Antes da saída, mostrei à turma o formato final, que listava as melhores questões e suas respostas – que já eram cerca de 200. Todo mundo levou uma cópia da lista de todas as perguntas e respostas para estudar em casa.

Hoje sei que o projeto foi um sucesso por razões muito importantes. Primeiro, usamos a tecnologia de forma eficaz porque trabalhamos muito para elaborar o que precisava ser feito antes mesmo de usar o computador. Em segundo lugar, como todos estavam mexendo juntos no mesmo fichário, havia um aspecto coletivo naquele projeto, motivado por pura generosidade. Os alunos se orgulhavam de suas questões e elogiavam os outros quando viam uma pergunta bem-escrita e que testava bem seu conhecimento. E o projeto também dava a eles uma forma segura e anônima de autoavaliar o domínio da matéria na véspera da prova. Os que encontravam dificuldade com muitas questões percebiam que precisavam estudar mais. Por fim, é preciso enfatizar a importância de haver um computador para cada aluno. Embora esse seja o ideal, nem toda escola oferece essa possibilidade, mesmo as particulares. Aqueles meus alunos tiveram sorte.

RACIOCÍNIO PONDERADO: A LINHA DO TEMPO NO MURAL DA SALA

O passado não se repete, mas rima.

MARK TWAIN (1835–1910), *escritor americano*

A fase do 6º ao 9º ano é uma época fascinante no desenvolvimento do aluno, pois é quando o cérebro começa a aceitar mais abstrações. Quando eu ensinava inglês para o 8º ano, muitas vezes pedi a minha turma que escrevesse um ou dois parágrafos que *poderiam, em tese,* aparecer no meio de uma redação hipotética de cinco parágrafos. Mas quando tentei isso com alunos de história do 6º ano, eles vinham toda hora me perguntar quando precisariam entregar a redação completa. Não conseguiam conceber a ideia de escrever um parágrafo de um trabalho que jamais teriam que completar. Essa perspectiva – um assento de primeira fila dentro do raciocínio do pré-adolescente – muitas vezes proporciona descobertas que irão ajudá-lo a aprimorar suas técnicas de ensino (e o próprio pensamento dos alunos).

Quando eu dava aula de história da Antiguidade, o capítulo 1 do livro falava dos nossos primeiros ancestrais humanos – as várias espécies do gênero *Homo* que culminavam na nossa, Cro-Magnon, bem como nos nossos primos antropológicos, os homens de Neandertal. Cada capítulo depois daquele era dedicado a uma civilização antiga diferente, numa ordem cronológica simplificada, a partir da Suméria e continuando com as civilizações do Egito, da China, da África e das Américas. Era fascinante, e meus alunos adoravam esse assunto tanto quanto eu. Mas descobri uma coisa sobre como a mente da criança nessa fase do ensino fundamental mede o tempo: todos os alunos acreditavam que a Antiguidade chinesa havia acontecido muito antes da Antiguidade egípcia. Os eventos não poderiam ter acontecido ao mesmo tempo na história, porque estudamos a China em fevereiro e o Egito só em outubro. Não importava que ambos os capítulos mostrassem os acontecimentos em datas contemporâneas – os alunos simplesmente acreditavam que o que aprenderam primeiro devia ter acontecido antes.

Quando descobri isso, criei uma linha do tempo de mais de três metros para ser colada no mural da parede ao fundo da sala, que ia do ano 3100 a.C. à esquerda – ano aproximado em que o rei Narmer unificou os reinos do Alto e do Baixo Egito – até 410 d.C. na extrema direita – ano do saque de Roma pelos visigodos. Dividi meticulosamente as 350 décadas nos centímetros disponíveis do mural, marquei-as com clareza e depois colei o cartaz com fita adesiva. E foi assim que o ano letivo começou: com uma linha vazia de 3.500 anos durante os quais, aparentemente, nada havia acontecido.

À medida que íamos estudando cada civilização antiga no livro, eu inseria pequenas faixas de post-its com os acontecimentos mais importantes e o ano em que ocorreram. Eu cortava esses papéis fazendo uma pontinha numa das extremidades para que pudessem ser colocadas no local mais exato da linha do tempo. Ao final de cada aula, eu dava cerca de seis acontecimentos para serem colados na linha do tempo, e ser escolhido para essa tarefa tornou-se uma honra disputadíssima entre os alunos. Como as faixas eram removíveis, depois que uma turma saía eu as retirava e depois dava para a turma seguinte fazer o mesmo. No fim do dia, eu podia colar todos os novos eventos permanentemente com outra camada de fita adesiva.

Mas a verdade é a seguinte: nunca fui desses professores obcecados por datas. Sim, é preciso saber algumas na hora do teste, mas o que eu de fato queria de meus alunos é que eles entendessem que a história está acontecendo o tempo inteiro, em todos os lugares do mundo simultaneamente, e que sempre foi assim. O verdadeiro aprendizado ocorria não quando um aluno colava um acontecimento no lugar certo da linha do tempo, mas quando ele percebia que outros eventos dos capítulos anteriores já estavam lá. Eu me lembro de um aluno considerando um período de mil anos e me perguntando, de olhos arregalados: "Será que os Dez Mandamentos foram influenciados pelo Código de Hamurabi?" Foi uma das melhores perguntas que já me fizeram, e claro que só havia uma resposta possível: "O que você acha?"

O QUE OS PROFESSORES GANHAM: PRESENTES DOS PAIS

Nós ganhamos a vida com o que recebemos, mas fazemos a vida com aquilo que damos.

WINSTON CHURCHILL (1874–1965), *primeiro-ministro britânico*

Ninguém decide ser professor para ficar rico. Toda pessoa que escolhe essa profissão o faz por outras razões, muitas das quais não têm preço. Palavras escritas errado de forma engraçadíssima, cartões de agradecimento que chegam anos depois, confissões de pais meio *alegres* durante festas de Natal, o sorriso das crianças: estes são alguns dos benefícios lucrativos que nunca são mencionados no nosso contrato de trabalho. Ah, claro, e os presentes de Natal.

Os presentes de Natal não são regra em todo lugar. Algumas escolas proíbem os pais de dar qualquer coisa aos professores, e alguns dos presenteados acabam devolvendo o mimo com medo de aparentar falta de ética no trabalho. Ou então só aceitam presentes em forma de guloseimas feitas em casa. E, claro, algumas famílias não têm dinheiro para comprar presentes para os próprios filhos, quanto mais para os professores. Mas há também os presentes inexplicáveis que você acaba amando, como o vidro de perfume Western Musk que um aluno me deu. Era a fragrância mais fedorenta de todas, e eu mantive aquela colônia na minha mesa por um bom tempo, para usá-la como punição. Se alguém chegasse à aula sem ter feito o que havia sido pedido, levava uma borrifada de Western Musk no peito. O cheiro se tornou sinônimo de despreparo, mesmo para meus alunos de anos anteriores que às vezes passavam na frente da minha sala. Quando sentiam aquele cheiro característico, diziam: "Ih, alguém estava despreparado..."

Mas o melhor presente que já recebi como professor teve relação com um vale para gastar o que eu quisesse durante um jantar no Four Seasons, um restaurante chique de Nova York. Foi um mimo dos pais de um aluno do 6º ano chamado Liam, que estava tendo dificuldades na minha matéria. Não achei que houvesse problema em aceitar o presente, pois os pais e eu sabíamos que passar de ano dependia unicamente de Liam. Além disso, minha esposa era chef naquela época, e estávamos tentando visitar aos poucos os melhores restaurantes da cidade como parte da pesquisa dela.

Então, numa noite de sexta-feira em meados de dezembro, nós nos deleitamos com uma refeição extraordinária – um menu de degustação de sete cursos, além dos vinhos que acompanhavam cada prato – e mais tarde eu escrevi rapidamente um bilhete de agradecimento para os pais de Liam. Não sei exatamente o que coloquei no cartão, mas me lembro de ter dito de brincadeira que cheguei a considerar a garrafa de vinho de 1.800 dólares, mas decidira não abusar da generosidade deles. Terminei desejando que Liam se saísse melhor na minha matéria no semestre seguinte. Cerca de um mês depois, vi uma notinha na minha caixa de correio da escola, dizendo que havia um pacote para mim na secretaria.

Se você acha que os pais de Liam me deram a garrafa de vinho de 1.800 dólares, você pensou como todo mundo para quem contei essa história. Mas não foi o que aconteceu. Em vez disso, o que estava esperando por mim na secretaria era um pacote caprichosamente embrulhado, mais ou menos do tamanho de um diploma emoldurado, com um bilhete da mãe de Liam dizendo: "Querido professor Mali, muito obrigada por seu maravilhoso cartão de agradecimento. Nós gostamos tanto dele que mandamos emoldurá-lo e devolvê-lo ao senhor. Feliz ano-novo!" De fato, dentro do pacote estava meu próprio bilhete com uma moldura profissional, coberto de vidro antirreflexo, como os de museu.

O que significava aquilo? Por acaso eles se sentiram insultados com meu bilhete? Estariam realmente esperando que um jantar chique fosse comprar o favor de melhorar a nota do filho deles na minha matéria? Indo direto ao ponto: QUE PESSOA NORMAL IRIA EMOLDURAR UM BILHETE DE AGRADECIMENTO? Talvez se fosse escrito pelo Presidente, ou pelo Papa, mas mesmo assim: se eles gostaram tanto da notinha a ponto de emoldurá-la, por que a devolveriam para mim? De repente ficou claro que os pais de Liam eram completamente doidos. Ou achavam que *eu* era.

Infelizmente, o desempenho de Liam na minha matéria – e em todas as outras – piorou e ele não voltou àquela escola no ano seguinte. Eu me arrependo sinceramente de não ter conseguido ajudá-lo. E, quase na mesma medida, lamento não ter guardado o bilhete emoldurado nem ter colocado aquela moldura dentro de outra moldura e mandado de volta para os pais de Liam, junto com o cartão.

LUTANDO CONTRA O ATAQUE AOS PROFESSORES

Os professores estão sob ataque, e isso não me surpreende.

Vivo num país de ambição desmedida e excessos, onde tudo e todos têm sido sacrificados para maximizar os ganhos de uma fração mínima da população. O lucro a curto prazo é priorizado em detrimento do crescimento sustentável e distributivo a longo prazo, sem falar da preservação ambiental. Qualquer proposta que mencione as palavras *justo*, *responsável* ou *bem comum* é taxada de "socialista" e descartada imediatamente. O governo, que tem como uma de suas finalidades principais realizar coletivamente por meio de leis o que os cidadãos individualmente não podem fazer por si sós – mesmo que seja para o bem deles – tem sido acusado de "intervenção excessiva". Numa atmosfera como essa, não foi surpresa alguma quando a máquina voraz decidiu também voltar sua mira para os professores.

A única coisa que me surpreende é a caracterização dos professores como preguiçosos e gananciosos. Somente alguém com pouquíssima compreensão do que a carreira do ensino exige poderia afirmar uma coisa dessas. Certamente os próprios professores podem mostrar ao mundo quão dura é a profissão deles, mas eles têm trabalho de verdade para fazer, e muito, portanto não sobra tempo para isso. Sempre que escuto alguém falar na TV que a vida do professor é moleza tenho vontade de colocar essa pessoa numa sala de aula por um ano e ver como ela sobrevive. Mas isso não seria justo com os estudantes, é claro. Um idiota poderia aprender essa lição, e isso pode até dar um *reality show* cativante, mas iria prejudicar uma classe inteira de alunos que merece coisa melhor. Não vale a pena. Aliás, há milhares de turmas no país inteiro que merecem muito mais do que estão recebendo nas escolas neste momento.

Eis um fato que nunca escuto ninguém mencionar na televisão: todos os professores que conheço trabalham pelo menos uma hora fora da sala de aula para cada hora que passam dentro de sala. Portanto, a próxima vez que você ouvir alguém acusando os professores de terem uma jornada de trabalho diária irrisória, dobre o número dessas horas. Pode até parecer muito, mas os professores precisam desse tempo para reuniões da escola, planejamento, pesquisa e preparação de aulas, correções de deveres e trabalhos, avaliações, notas e aconselhamento de alunos. Se você considerar o tempo que os professores passam em reuniões administrativas e de departamento, supervisionando outras atividades escolares e no trajeto de ida e volta entre casa e escola, sobram pouquíssimas horas num dia para fazer refeições e se dedicar à família, sem falar em dormir. Não é uma jornada de trabalho muito saudável.

Duas coisas acontecem com os professores como resultado

de não terem tempo suficiente num dia para preparar as aulas. A primeira é que precisam transferir a maior parte do seu tempo de planejamento e preparação para suas férias de verão, de forma que durante o ano escolar eles possam se concentrar em avaliações, correções, notas e aconselhamento.

Minha tia-avó lecionou durante 40 anos, e me lembro de vê-la durante as férias preparando letras e números para colocar nos murais de sua sala. Anos depois, quando me tornei professor, usei um mês inteiro para rever meu cronograma de aulas do ano anterior, aperfeiçoando a distribuição das datas de testes, provas e outros trabalhos. Se os professores não têm tudo isso planejado antes de o ano letivo começar, tudo desanda.

Há outra coisa que acontece quando os professores descobrem que sete horas de trabalho na escola exigem outras sete horas adicionais de trabalho fora da escola, preparando aulas e dando notas: eles se esgotam. Pedem demissão. Cinquenta por cento dos professores nos Estados Unidos se demitem nos primeiros cinco anos de carreira. É muito trabalho para pouco salário. Compare isso com o índice de apenas 3% de rotatividade de professores em países como Finlândia e Coreia do Sul, onde os alunos consistentemente atingem os primeiros lugares em testes internacionais como o PISA (Programa Internacional de Avaliação de Estudantes), administrado pela Organização para a Cooperação e Desenvolvimento Econômico, sediada em Paris.[5] Os salários dos professores são um insulto à profissão. E,

---

[5] Estudo da consultoria McKinsey & Company de 2010, chamado "Closing the talento gap: Attracting and retaining top third graduates to a career in teaching" (Preenchendo a lacuna do talento: atraindo e retendo os melhores universitários para uma carreira no magistério).

para completar esse ataque, os professores agora são chamados de gananciosos!

Chamar os professores de gananciosos faz tanto sentido quanto dizer que a exploração é uma forma de altruísmo. É errado e pura má-fé. Professores em todo o país gastam bem mais de um bilhão de dólares de seu próprio bolso todo ano com materiais escolares essenciais, que o orçamento das escolas não pode suprir.[6] Como isso pode ser chamado de ganância? Professores podem até ter férias de verão, mas a não ser que sejam casados com alguém que ganhe bem, a maioria tem que trabalhar durante esse período para conseguir pagar as contas. Na verdade, é comum professores terem outro emprego *durante o ano letivo* justamente para sobreviver financeiramente.[7] Em que universo isso poderia ser chamado de ganância?!

Eu me lembro de um pagamento que recebi cerca de um ano antes de deixar o magistério. Depois de lamentar mais uma vez que a quantia não chegava sequer a mil dólares, eu destaquei o cheque do holerite. Já havia guardado o cheque na carteira e estava prestes a rasgar o contracheque quando um dos meus alunos, Stephen Parsons, entrou na minha sala. "Oi, professor Mali. Ih, esse é o seu pagamento?", perguntou Stephen. Em vez de respondê-lo, rasguei o contracheque diante de seus olhos. Não havia como Stephen saber que fora apenas o holerite que eu havia rasgado, porque o tipo de papel era o mesmo do cheque. Stephen pensou que eu tinha acabado de rasgar meu próprio

---

6 Estudo da Associação Nacional de Materiais e Equipamentos Escolares dos Estados Unidos, 2010.

7 Assista ao documentário *American Teacher*, de 2011, narrado por Matt Damon, para ver um exemplo de como isso pode destruir um casamento.

pagamento. Para tornar o momento ainda mais dramático, olhei em seus olhos e disse: "Não dou aulas por dinheiro, Stephen. Faço isso porque amo minha profissão. Além disso, a soma irrisória que eu ganho mal pode ser chamada de dinheiro." Depois, embora eu tenha feito de tudo para garantir a Stephen que eu estava brincando, um boato rapidamente se espalhou de que eu era o herdeiro rico de alguma família tradicional de Nova York, que não precisava trabalhar para meu sustento e que tinha escolhido ser professor simplesmente por amor ao ofício.

A verdade é que os professores *não* ensinam pelo dinheiro. As pessoas entram nessa profissão hoje em dia para fazer a diferença trabalhando com crianças e jovens. O que os professores fazem? Nós fazemos sacrifícios. Todos os dias. Fazemos o possível para pagar nossas contas. Somos profissionais graduados, com paixão pelo que fazemos. Não somos durões como lixeiros ou metalúrgicos. Professores dificilmente entram em greve nos Estados Unidos e, quando isso acontece, pilhas de lixo não se acumulam de um dia para outro nas calçadas, nem os carros nas montadoras. Às vezes eu queria que isso acontecesse, pois só assim as pessoas iriam exigir mudanças imediatas.

ONDE VÃO PARAR OS MELHORES PROFESSORES?

Todos precisam de um bom professor, e os melhores devem ir para onde mais fazem falta. Infelizmente, não é assim que o sistema funciona hoje em dia nos Estados Unidos (e em vários outros países). Se continuarem distribuindo fundos para as escolas públicas de acordo com a arrecadação local do imposto predial, os empregos mais bem-pagos para professores estarão sempre nas escolas dos bairros mais ricos, que atrairão os profissionais mais experientes. Enquanto isso, restará aos distritos escolares nos bairros com baixíssima arrecadação de imposto predial contratar professores novos e inexperientes, que com certeza tentarão sair logo no ano seguinte, em busca de um emprego melhor em outra escola ou, muitas vezes, de outra profissão.

Precisamos ajudar os candidatos a professor a verem logo se essa carreira é mesmo para eles, se realmente nasceram para isso. Conheço centenas de pessoas que teriam sido professores maravilhosos – elas possuem aquela habilidade rara, carismática de fazer as crianças se concentrarem em determinada tarefa – mas que nunca tiveram a chance de ensinar, porque a vida não lhes deu essa oportunidade (algumas precisaram priorizar a educação dos filhos e não conseguiram sequer terminar a faculdade). Muitos estados americanos têm cursos oferecendo programas alternativos de certificação em licenciatura, fora do campus universitário, e o número de professores formados nesses cursos estava aumentando a cada ano até recentemente. Temos que fazer o possível para retomar esse crescimento.

Vamos iniciar um debate nacional sobre as principais qualidades que os professores devem ter e se essas qualidades podem ser ensinadas. A melhor forma de treinar professores é colocá-los em sala de aula e observá-los enquanto ensinam. Universidades que deixam o estágio para os períodos finais do curso estão fazendo tudo ao contrário. Coloque o bebê dentro da água e veja se ele nada; se ele parece ter uma habilidade natural, então ensine-o a nadar ainda melhor. Mas se o bebê ameaça afundar, tire-o da água, seque-o e encoraje-o a tentar aprender outra coisa.

Por que atacar os professores?

Sem um leve desprezo pela educação, a educação
de um homem nunca estará completa.

G. K. Chesterton (1874-1936), *escritor inglês*

Professores sempre serão objeto de crítica. Eu entendo e aceito isso. Pelo menos, essa crítica será o tipo de "leve desprezo" que G. K. Chesterton disse ser necessário para uma pessoa de escolaridade completa. É inevitável. Por quê? Porque os objetivos da educação os tornam alvo fácil. Os professores são tão nobres e superiores, tão irrepreensivelmente otimistas - querendo desenvolver a mente dos jovens para que eles possam ter um futuro brilhante - que, na verdade, grande parte desse esforço nunca chegará perto de sua meta. A disparidade entre o que a educação deve ser e o que acontece na realidade é tão grande que vira motivo de deboche. É humano sentir uma satisfação secreta ao assistir à derrocada de idealistas que se acham o máximo. E como os professores, ao menos em teoria, têm uma das missões mais ambiciosas, idealistas e elevadas, eles muitas vezes têm que aguentar a maior parte da ridicularização sobre o estado real do ensino. Faz parte do pacote.

Certamente o sistema educacional público nos Estados Unidos é repleto de professores que já não são mais eficientes. Toda profissão tem seus pesos mortos. Por alguma razão, porém, o debate nacional sobre educação pública sempre acaba recaindo sobre os piores professores da rede de ensino. Os críticos da educação adoram usar esses maus profissionais como exemplo e fingir que eles representam todos os demais – tentando provar assim que o sistema inteiro está irreparavelmente defeituoso e deve ser descartado.

Precisamos de um princípio organizacional radicalmente novo, pelo qual bons professores recebam um incentivo financeiro para dar aula nos bairros mais pobres. E não falo apenas de professores veteranos, com anos de experiência: não é porque alguém dá aula há 30 anos em um bairro nobre que necessariamente será capaz de durar um ano sequer numa escola de uma região barra-pesada. Algumas habilidades específicas são essenciais para ser um bom professor nas condições mais difíceis. No entanto, um indivíduo com essas características deve ser muito bem-recompensado para levá-las às comunidades mais carentes. E isso pode significar que um professor relativamente novo acabe ganhando mais no bairro pobre do que um professor com mais tempo de carreira ensinando num bairro rico. Eu não tenho problema nenhum com isso, mas muitos têm.

A IMPORTÂNCIA DE UM MENTOR

Durante pouco mais de um ano, logo depois do mestrado, trabalhei como professor substituto na área de Portland, no estado do Maine. Todos que já trabalharam nessa condição podem atestar que não é nada fácil. Como você fica a postos na escola para substituir qualquer professor que falte, não é possível ter todo o conhecimento da matéria que a turma está aprendendo. Você fica restrito a mostrar vídeos ou tomar conta da turma enquanto eles fazem exercícios de revisão, e é difícil manter a disciplina quando você nem sabe o nome de todos os alunos. Quem chama professores de "babás supervalorizadas" deve estar pensando nos professores substitutos. Mesmo assim, apesar de todo o tédio e frustração, trabalhar como substituto é um valioso aprendizado de como se administrar uma sala de aula. Todos deveriam passar por isso durante algum tempo.

Mesmo com cursos universitários e a experiência de professor substituto no meu currículo, eu ainda estava inseguro ao me preparar para meu primeiro emprego de professor "de verdade", numa escola em Cape Cod. Eu iria dar aula de inglês para o 8º ano do ensino fundamental e o 2º do ensino médio, além de ter uma classe especial preparatória para o SAT. Mas a escola não me jogou na sala de aula sem qualquer apoio. Uma vez por semana, eu me reunia com Rick Bellamy – diretor do departamento de humanas, com quase 20 anos de carreira no magistério –, para discutir meus planos de aula para a semana seguinte. Até hoje, acho que aprendi mais sobre ensinar e planejar lições naqueles 45 minutos semanais com Rick do que em todas as minhas aulas na universidade.

Se o professor não tiver desenvolvido uma boa noção de como usar o tempo de aula, pode acabar em pânico se o sinal tocar e ele não tiver coberto sequer uma fração do plano de aula para aquele dia. Ou então pode terminar a lição rápido demais e ficar olhando para a cara dos alunos, sem ter o que fazer – algo que, dependendo da turma, pode ser perigoso.

Rick Bellamy era capaz de olhar para uma atividade que eu estava planejando completar nos primeiros 10 minutos de aula e me dizer que provavelmente iria levar o dobro do tempo que eu havia imaginado. Sobre outras atividades, Rick observava: "Eles vão terminar isso em cinco minutos. O que você vai fazer depois?" Eu lembro que trabalhava muito na preparação para essas reuniões semanais com Rick, tanto quanto na preparação das aulas em si.

Tive sorte. Todo professor novato deveria ter um mentor como Rick. Imagine se fosse uma prática comum reduzir a carga horária em sala de aula para alguns professores veteranos, a fim de que eles usassem esse tempo como mentores dos colegas inexperientes? Talvez, nos últimos cinco anos de carreira de um professor veterano, ele pudesse ser mentor em tempo integral, observando as aulas dos novatos e dando conselhos. Não consigo imaginar uma forma mais elegante de um professor fazer sua transição para a aposentadoria, enquanto aproveita suas décadas de experiência.

A prática de observação dos professores em sala de aula é tão fundamental que é difícil encontrar uma escola que não considere isso parte importante da avaliação e do apoio de seu corpo docente. Infelizmente – e muitos novos profissionais de ensino são testemunhas disso – poucas escolas seguem esse tópico à risca. A não ser que esteja havendo queimas de livros ou brigas diárias em sala, o mais comum é um professor novato ser observado apenas uma vez em seu primeiro ano e depois de novo só dali a alguns anos.

Houve vezes em minha carreira que tudo se harmonizava perfeitamente e eu tinha tempo suficiente para completar o que havia planejado para a aula. Eu corrigia com os alunos as tarefas passadas na aula anterior, fazia a transição para um assunto novo, explicava como tudo se encaixava e como seria o teste ao final daquela unidade, passava o dever de casa para o dia seguinte, respondia dúvidas e, finalmente, de olho no relógio da sala, dizia: "Bem, a aula... terminou", ao exato soar do sinal. Sim, muitas vezes foi pura sorte. Mas a sorte favorece os bem-preparados, e mentores como Rick Bellamy fizeram o máximo para que eu estivesse entre eles.

PROFESSORES QUE FIZERAM A DIFERENÇA PARA MIM

Não sou um professor; apenas um companheiro de viagem a quem você perguntou o caminho. Eu apontei adiante – adiante de você e de mim mesmo.

George Bernard Shaw (1856-1950), *dramaturgo, crítico e escritor inglês*

Se contar com pelo menos um professor realmente excepcional na vida já é uma grande sorte, então sou um privilegiado. Num mundo em que muitas pessoas alegam jamais haverem tido um só professor que tenha feito a diferença para elas, eu acho difícil me lembrar de qualquer professor meu que parecesse sequer medíocre, muito menos péssimo. É possível que eu fosse particularmente ignorante e demasiado dócil, mas uma coisa eu sei que era (e ainda sou): muito sortudo.[8]

[8] A começar pelo meu pai, meu primeiro professor, cujo maior presente para mim foi o amor, o respeito e a devoção que tinha por minha mãe, e pude testemunhar isso todos os dias, até ele falecer.

Recordo os nomes da maioria dos meus professores, desde o 1º ano do ensino fundamental até o mestrado, e muitos deles eram excelentes. Mas agora quero destacar três deles.

Kate Millonzi era minha professora do 4º ano no Collegiate School for Boys de Nova York. Foi o primeiro ano dela naquela escola, mas acho que já havia lecionado antes por alguns anos. Kate lia em voz alta para a turma pelo menos uma vez por dia, todos nós sentados aos pés dela em semicírculo. Eu me lembro de uma história que ela leu sobre Buda, que contava ele ter 30 anos quando presenciou pela primeira vez o sofrimento humano. Ela pôs o livro de lado por um momento, olhou para nós e disse: "Ele tinha a minha idade a primeira vez que testemunhou um sofrimento. Dá para imaginar?" Infelizmente, nenhum de nós achou aquilo tão interessante quanto o fato de ela ter deixado escapar sua idade. Kate Millonzi fez a diferença para mim porque ela me adorava, e eu seria capaz de tudo para evitar o olhar de decepção que entristecia o seu semblante quando eu não me saía bem. Se eu tivesse que trabalhar duro e me comportar melhor para garantir o sorriso dela, então era o que eu iria fazer. Sra. Millonzi, você fez a diferença na minha vida.

Jerome Dees era um acadêmico pesquisador da Renascença e o diretor do departamento de Graduação na Universidade Estadual do Kansas, portanto ele conhecia todos nós, mesmo os poetas e escritores de ficção a quem não deu aula. Parecendo um cruzamento de Albus Dumbledore (diretor de Hogwarts, a escola de magia de Harry Potter) com Floyd Pepper (guitarrista dos Muppets), Jerry Dees podia ser visto se exercitando em corridas em volta do campus quase todas as tardes. Sem dúvida, correr mantinha sua grande energia apesar da idade, que, segundo rumores, era mais de 150 anos. Em muitos encontros, às vezes regados a cerveja europeia, Jerry me ensinou a gostar de dissertação. Sob sua orientação, desenvolvi um estilo de texto claro e organizado que me serviu muito bem, talvez até mesmo em minha poesia. Jerry sempre respeitou o intelecto de seus alunos. Nunca me esqueci de uma vez em que ele começou a fazer uma pergunta à turma e de repente se interrompeu. "Deixa pra lá", ele disse. "Eu sei a resposta para minha própria pergunta, o que torna isso um mero teste, não é?" Ele não queria nos insultar fazendo uma pergunta para a qual já sabia a resposta. Para mim, aquilo fez a diferença.

Mas o melhor professor que tive foi Joseph D'Angelo, que me deu aula de inglês no 5º e no 6º ano no Collegiate. O Dr. D, como o chamávamos, era ph.D. em semiótica, comunicação e cultura e – ainda mais impressionante para nós naquela época – era faixa preta de caratê. Também cantava ópera! O homem era inteligente o bastante para fazê-lo aprender, grande o bastante para forçá-lo a aprender e culto o bastante para cantar sobre toda essa experiência. Aprendi a maior parte do que sei sobre dissertação durante os dois anos que o tive como professor. E, 15 anos depois, quando eu estava dando aulas de redação para calouros na universidade, eu me ouvia repetindo as máximas dele para os meus alunos na faculdade: "Diga o que você irá dizer, então vá e diga, depois diga o que você disse." Ainda mantenho contato com Joe depois de todos esses anos e até escrevi um poema baseado numa série de e-mails que ele trocou com vários colegas num esforço de obter autorização às suas turmas para usar a biblioteca.

Eu brigo pela biblioteca

Para o Dr. Joseph D'Angelo, professor de inglês do 5º ano, ph.D., faixa preta, sensei

I.
Para: Clarissa Lerner, bibliotecária

Cara Clarissa,

Soube que os horários que reservei na biblioteca para minhas aulas na semana que vem foram cancelados. Só por curiosidade: quem ou o que é mais importante que a necessidade de minhas turmas fazerem pesquisa?

II.
Para: Nancy Devlin, secretária do Dr. Richard Blackstone, diretor de instrução

Cara Nancy,

A bibliotecária me informou que o Dr. Blackstone "reservou" a biblioteca para uma reunião da administração sobre "Utilização das instalações da escola" semana que vem e que todas as aulas programadas para a biblioteca no dia da reunião devem ser realizadas em outro lugar. Isso é inaceitável. A instrução acadêmica deve ter prioridade sobre reuniões administrativas. Ponto final. O fato de o Dr. Blackstone, diretor de instrução, simplesmente CONSIDERAR o cancelamento de uma aula na biblioteca para realizar uma reunião chamada "Utilização das instalações da escola" é tão obtuso que sou incapaz de apreciar a ironia disso.

III.
Para: Dr. Richard Blackstone, diretor de instrução

Caro Dick,

Desculpe-me, mas acho que o senhor não entendeu minha "frustração", do contrário não teria usado essa palavra. Não estou realmente frustrado. A palavra correta seria "indignado". Não irei desmarcar nenhuma de minhas aulas na biblioteca por causa de reuniões administrativas, especialmente por uma que se propõe a discutir o uso efetivo das instalações da escola. Não me importa que a biblioteca seja o único local na escola grande o bastante para acomodar os convidados para a reunião. É também o único lugar na escola que tem livros! E, por fim, eu seria o primeiro a pedir desculpas por "panfletar minhas opiniões para sua secretária" se eu achasse que a frase "A instrução acadêmica deve ter prioridade sobre reuniões administrativas" fosse uma questão de opinião, em vez de ser um fato, uma questão puramente objetiva. Para concluir, se o uso da biblioteca for negado a qualquer uma de minhas turmas semana que vem, então, por favor, avise Joyce Santiago, superintendente do distrito escolar, que estarei pronto para aceitar minha demissão.

IV.
Para: Dra. Joyce Santiago, superintendente do distrito escolar

Cara superintendente Santiago,

Durante 35 anos, tenho servido aos interesses de meus alunos, proporcionando a eles todo o estímulo, a orientação, os recursos, o respeito e o amor de que necessitam para crescer como membros da comunidade produtivos, responsáveis, informados e bem-preparados. Levo essa responsabilidade a sério. Aceito-a com toda a nobreza, a honra e a seriedade da carreira de professor. Portanto, em nome de meus alunos e de seus pais, agradeço muito por ter encontrado outro lugar para que o Dr. Blackstone realize a sua reunião.

Atenciosamente,
Dr. Joseph D'Angelo, professor de inglês do 5º ano, ph.D., faixa preta, sensei

O que esses três educadores – Kate Millonzi, Jerome Dees e Joseph D'Angelo – têm em comum é o amor e o respeito por seus alunos. Não sei se gostavam particularmente de mim, mas eles me deram amor; e, em troca, eu trabalhei com afinco por eles. E muitas vezes aprendi mais do que pensava ser capaz. Eu cresci.

A BUSCA POR MIL PROFESSORES

O Projeto Novo Professor que mencionei na introdução deste livro não foi criado de forma organizada. Não decidi de forma consciente que iria tentar inspirar mil pessoas a lecionar. Isso simplesmente começou a acontecer - eu estava preocupado demais para pensar nisso, sem saber se seria capaz de pagar as prestações da casa própria depois de abandonar meu emprego estável. As pessoas me escreviam ou contavam pessoalmente que meus poemas sobre professores - em especial "O que os professores fazem" - haviam influenciado a decisão deles de optar pela carreira do magistério.

Durante um ano, mantive uma contagem informal na cabeça e respondia: "É mesmo? Acho que você é a nona pessoa a me dizer isso." Não sei quando tive a ideia de começar a fazer essa contagem de forma mais organizada. Mas foi um jornalista que me disse que só contar não era suficiente. Não era interessante.

Eu precisava de uma meta e da possibilidade de fracassar. Isso sim seria uma história digna de ser contada.

Então estabeleci para mim a meta de conquistar mil novos professores em seis anos. E falhei feio. Em 2006, ano em que deveria ter atingido meu objetivo, o número de pessoas que ajudei a convencer a entrar para a carreira do magistério mal chegou a 100. Mas eu não iria desistir tão fácil; gostei de como ter uma meta específica me ajudou a ter mais foco. Eu não era apenas um poeta, eu era um poeta com um plano de melhorar o mundo, de professor em professor. Então decidi me livrar do prazo e planejar um progresso lento e consistente. Se tiver que levar mais 25 anos para chegar aos mil professores, então que assim seja. E daí se não for chamativo o bastante para virar matéria de jornal?

Meu verdadeiro problema era que ainda não tinha uma forma eficiente e sistemática de adicionar cada novo professor à minha lista. Eu estava anunciando todo novo convertido em meu blog, mas isso exigia muitas trocas de e-mails apenas para obter a informação que eu precisava de cada professor. Mesmo depois de seis anos, era um processo desajeitado e árduo.

A ajuda chegou na forma de um aluno de mestrado em computação chamado Jorge Casteñeda e de dois estagiários que encontrei no site de classificados Craigslist e que se dispuseram a fazer todo o trabalho de entrada de dados, de graça e a distância. Jorge criou um formulário on-line que os novos professores poderiam preencher eles mesmos. Sarah e Airn, os estagiários, transferiam todos os nomes dos formulários para a lista. Em meados de 2007, eu finalmente tinha um sistema funcional para gerenciar a lista de professores que garantiam ter sido influenciados por "O que os professores fazem" e outros poemas meus ao fazer sua opção pelo magistério.

De repente, algo aconteceu. A novidade foi se espalhando e professores começaram a se inscrever na minha lista em números cada vez maiores. Veio o Facebook, depois o Twitter. Com isso, a cada dois meses os vídeos do YouTube em que apareço declamando "O que os professores fazem" voltavam a aparecer em posts de alguém com muitos seguidores ou em algum website com muita influência; ou então meu poema era lido em alguma assembleia legislativa prestes a votar cortes no orçamento que iriam levar a demissões ou reduções de direitos de professores, para angariar simpatia à nossa causa; e o poema é isto mesmo, um grito de protesto.

Assim, as pessoas que me procuravam na internet ficavam conhecendo mais o meu trabalho, liam sobre o Projeto Novo Professor e se inscreviam caso achassem que tinham os requisitos para entrar na lista. Mas acredito que o número de convertidos para a carreira de professor também cresceu por outra razão: eu estava finalmente pronto para isso.

Como acontece muitas vezes, quando alguém está pronto para iniciar a caminhada, o caminho ficou claro. Eu me comprometi novamente a completar o Projeto Novo Professor. E adicionei mais um elemento, um objetivo extra: quando terminasse, quando eu tivesse finalmente convencido mil pessoas a se tornarem professores, eu iria cortar meu cabelo, que deixei crescer desde o meu casamento em 2006, e doaria as madeixas para um programa chamado Pantene Beautiful Lengths, que faz perucas para crianças com câncer. Eu faria isso em memória de Tony Steinberg, o aluno de 7º ano mais generoso a quem já dei aula.

Tony Steinberg: bravo guerreiro viking do 7º ano

Você já viu um barco viking feito de palitos de picolé
ou madeira bem fina? Barbante marrom enrolado para os cabos das velas,
dezesseis remos feitos de palito e uma vela vermelha e amarela
feita de um trapo cortado do pijama do irmão bebê?
Eu já.

Ele morreu com sua espada na mão, e assim foi direto para o céu.

Os vikings costumavam enterrar seus guerreiros mais bravos em barcos.
Ou os colocavam à deriva e atiçavam fogo, uma ilha flutuante em chamas,
a alma do bravo guerreiro elevando-se vagarosamente com a fumaça.
Para se entender a vida na Escandinávia da Idade Média,
É preciso aprender a construir o barco viking.

Então eis o que eu quero que a turma faça:
Que construa um barco viking em miniatura.
Vocês têm um mês de prazo para esse trabalho.
Podem usar os materiais que quiserem,

mas terão que trabalhar juntos.
Como guerreiros.

Fiquei conhecido por esse tipo de trabalho que eu
passava como professor de história.
Como o Projeto Escudo Grego.
Ou o Projeto Catapulta de Marshmallow.
Ou o Projeto Castelo Medieval de Torta de Chocolate
(na verdade, esse foi um desastre).
Mas houve o Projeto Pirâmide Egípcia.
Você já viu uma família de quatro pessoas
em volta de uma mesa depois do jantar,
cada membro segurando uma face triangular
de uma pirâmide egípcia em miniatura de cartolina
até que a cola finalmente secasse?

Também nunca vi, mas a Sra. Steinberg disse que levou
noventa minutos,
e mesmo com o irmão mais novo de um lado
reclamando:
Essa pirâmide está ridícula, Tony!
Se eu pegar o professor Mali no ano que vem,
vou construir uma pirâmide que não obrigue
a gente a ficar aqui segurando noventa minutos até a
cola secar!
E Tony no outro lado dizendo:
Cale a boca, seu idiota!
Se você soltar antes de a cola secar,
vou arrancar suas tripas com seu PlayStation!

Foi o melhor tempo que passaram juntos em família
desde o Hanukkah.
Ele morreu com sua espada na mão, e assim foi direto
para o céu.

Professor Mali, se é verdade
que o viking que morria com sua espada na mão
ia direto para o Valhala,
então, por exemplo, um viking ancião
prestes a morrer de velhice
poderia manter sua espada bem ao lado da cama,
para que quando pensasse "acho que vou morrer agora
de velhice!",
pudesse pegá-la na mesma hora.

Se eu fosse um deus viking, não acho que iria cair nesse
truque.
Mas se eu fosse um viking ancião, prestes a morrer pela
idade avançada,
é exatamente o que eu teria feito. Você é um gênio.

Ele morreu com sua espada na mão, e assim foi direto
para o céu.

Tony Steinberg havia faltado às aulas por seis semanas
antes que finalmente descobríssemos o que havia de
errado.
E os outros doze alunos sussurravam o nome da doença,
como se fosse possível contagiar-se ao dizer a palavra em
voz alta.

Nós havíamos sido avisados. O diretor veio falar com a
turma
e disse que Tony ia voltar para a escola na sexta-feira.
Mas ele está passando por algo muito difícil.
Os remédios que está tomando fizeram seu cabelo cair.
Portanto ninguém fique encarando, apontando
ou rindo.

Eu sempre dizia que gostava de ensinar em escola
particular
porque eu podia falar de Deus
sem estar desrespeitando a lei.
E com certeza nós falávamos muito sobre Deus.
Sim, em história, claro, é fácil:
mesmo o Projeto Pirâmide Egípcia
é essencialmente um exercício espiritual.
Mas como você pode ensinar matemática e não acreditar
em Deus?

Um Deus de pontos e planos perfeitos,
cercado por ângulos retos e arcanjos de vários graus.
Um Deus assim jamais submeteria ao câncer um
menino do 7º ano;
não faria o cabelo dele cair com a quimioterapia.
Totalmente careca no uniforme de terno e gravata
numa sexta-feira de manhã –
e não estou falando apenas de Tony Steinberg:
nenhum menino tinha cabelo naquele dia;
os outros doze haviam raspado a cabeça em
solidariedade.

Você já viu treze garotos de 7º ano carecas,
apontando uns para os outros, encarando e rindo?

Eu já.

E é uma coisa linda de se ver.
Uma visão quase tão impressionante quanto doze
meninos
seis semanas depois – agora com os cabelos bem
curtos –
num sábado de manhã,
de pé do lado de fora da sinagoga,
com a cabeça baixa, de mãos dadas,
num círculo
em volta das cinzas que restaram
de um barco viking miniatura
no qual atearam fogo,
a alma do bravo guerreiro
elevando-se vagarosamente com a fumaça.

A lista que acompanha o progresso do Projeto Novo Professor continua sendo, em essência, um registro nada científico. Eu raramente procuro as pessoas que se inscreveram para ter certeza de que elas continuam ensinando, ou, no caso das que mudaram o curso na universidade, se de fato se formaram como professores. E quando deixo de aceitar algum inscrito porque ficou claro no formulário que ele já queria ser professor antes de ter tomado conhecimento dos meus poemas, não tenho como evitar que tente se reinscrever outro dia, omitindo aquela confissão. Fazer o quê? Não sou um estatístico.

Por fim, preciso mencionar que o Projeto Novo Professor ainda não foi concluído. No momento em que estou escrevendo este parágrafo, aqui na minha casa, em Nova York, ainda faltam mais de 100 novos professores para que eu atinja a meta final. Provavelmente, vou validar o milésimo professor justo quando este livro for publicado.[9] Doze anos terão se passado. Doze anos em que não somente escrevi e declamei poemas sobre o ensino, mas também 12 anos em que minha vida ganhou um sentido mais importante. Parte de mim sentirá um grande alívio quando o Projeto terminar. Parte de mim vai adorar ter de novo o cabelo curto e fácil de cuidar. Mas com certeza haverá outra parte de mim que terá saudade de trabalhar em algo maior que eu mesmo. Então, decidi registrar o domínio TenThousandTeachers.com, caso, no futuro, eu decida retomar o projeto e tentar conquistar 10 mil novos professores. Quem sabe?

---

[9] O professor Mali atingiu sua meta em abril de 2012. (*N. da E.*)

NUNCA DEVE HAVER UMA GERAÇÃO PERDIDA

Mera parcimônia não é economia. Despesas, e despesas grandes, é que podem ser parte essencial de uma verdadeira economia.

EDMUND BURKE (1729-1797), *político e escritor anglo-irlandês*

Há algo recorrente em discussões sobre os desafios da educação: tem sempre alguém disposto a desistir de determinado grupo de crianças para poder concentrar mais recursos nas que podem ser ajudadas mais facilmente. E não estou falando de uma criança aqui e outra ali; essas pessoas querem abandonar populações inteiras de estudantes, às vezes até toda uma geração. Há a tentação de se dizer: "Ah, estragamos essa fornada. Falhamos totalmente, ano após ano, em dar a eles o que precisavam em todos os aspectos de sua vida. E como eles já estão irreparavelmente prejudicados, que tal considerá-los perda total e focar na próxima leva de crianças, prometendo agir melhor dessa vez?"

Claro que, de certa forma, em várias regiões dos Estados Unidos já se faz isso. Por exemplo, como a incidência de analfabetismo na população penitenciária é alta, anos atrás o Arizona começou a usar os resultados dos testes de leitura do 3º ano do ensino fundamental para estimar o número futuro de presos no estado. É uma prática horrível, com certeza, mas infelizmente os números são verdadeiros; quem não aprende a ler até o 3º ano tem mais chances de ser preso um dia. Mas em algum lugar, perdida no meio dessas estatísticas, está a triste realidade de que custa pelo menos duas vezes mais manter um adulto preso por um ano do que ensinar uma criança na escola. O Arizona essencialmente diz a essas crianças que não aprenderam a ler até o final do 3º ano: "Nós já sabemos o que vai acontecer com você e, portanto, estamos planejando investir mais recursos para a sua futura prisão do que pagamos por sua formação educacional." Como se pode desistir do futuro de uma criança? De uma população inteira de alunos?

Ao lidar com crianças no plano pessoal, frente a frente, sabendo os nomes e as histórias delas, e como chegam à escola com fome ou usando as mesmas roupas do dia anterior, não se pode decidir que algumas delas não valem mais o esforço de ensiná-las, não importa o que as estatísticas possam sugerir. Os professores que lutam de maneira incansável por uma boa causa sabem disso. Por mais defasada que a criança esteja, por mais limitado que pareça o futuro dela, você nunca poderá desistir dela. Isso é o que os professores fazem: a promessa de deixar cada aluno mais preparado para o futuro do que quando entrou na turma no início do ano. No nível mais básico, isso é exatamente o que fazemos.

EPÍLOGO

Artistas e poetas são as terminações nervosas expostas da humanidade. Sozinhos, eles pouco podem fazer para salvar a humanidade. Sem eles, haveria muito pouco que valesse a pena salvar.

Lápide no Cemitério Green River,
Long Island, no estado de Nova York.

Estou plenamente consciente de que qualquer pequena contribuição que eu possa ter dado ao escrever o poema "O que os professores fazem", seja ao persuadir universitários brilhantes a considerar a carreira no ensino ou simplesmente ao lembrar professores veteranos da razão de terem escolhido trilhar esse nobre caminho, é apenas uma gota no oceano.

Os desafios enfrentados por professores nos Estados Unidos exigem e merecem muito mais que poesia, porque o que está em jogo é algo sério demais. Desigualdades inerentes ao sistema de ensino público estão novamente segregando nossas escolas e aumentando a diferença dos resultados entre crianças de diferentes classes socioeconômicas. Melhorar as condições da educação no país vai ser um processo lento, controverso e muito caro. Mas é como se diz: se você quer lembrar a si mesmo quais são suas prioridades, olhe para o seu extrato do banco e veja onde está gastando mais dinheiro.

Vivemos numa época de obsessão com segurança nacional, em que deixar uma dívida às futuras gerações para que elas paguem por nossa atual política de defesa não apenas parece fazer sentido, mas aparenta ser legitimamente a única opção disponível. E o que é pior, eles dizem que nem estamos gastando o suficiente. Mais recursos serão necessários ao longo do tempo para dar ainda mais aparência de ser esta a única opção viável. Mas e se nós destinássemos trilhões e trilhões de dólares para a educação de nossas crianças? Iríamos, assim, acabar acreditando que não haveria outra possibilidade de ação para o país? Que nenhuma outra política faria sentido? Iríamos descobrir que precisamos gastar ainda mais para melhorar a qualidade de vida das futuras gerações? Iríamos acabar considerando as crianças o recurso natural mais valioso do planeta? Espere aí. Quer saber de uma coisa? Elas são isso mesmo.

AGRADECIMENTOS

Agradeço profundamente aos professores que dizem ter decidido seguir a carreira do magistério em grande parte por causa dos meus poemas, assim como aos meus próprios professores, amigos, colegas de profissão e de poesia itinerante, sem os quais eu jamais poderia ter escrito este livro. Entre eles estão Nell Manning, Tim Eustis, David Stevenson, Bill Watterson, Jerome Dees, Kate Millonzi, Stewart Moss, Rick Bellamy, Larry Brown, Jorge Casteñeda, Steve Clement, Kevin Dearinger, Sarah Connel, Airn Talbert, Daniel Ferri, Jeannan Verlee, Nabeeha Kazi Hutchins e Clark Daggett. E aos professores em todo lugar, especialmente aqueles em escolas públicas de bairros pobres, como Christine Hatch, que ainda faz na prática aquilo sobre o qual hoje meramente escrevo – e que tem suas lágrimas como prova. E, por fim, a Marie-Elizabeth, minha melhor amiga e espelho sagrado, a professora que me eleva a alturas maiores do que qualquer outra.

CONHEÇA OUTROS TÍTULOS DA EDITORA SEXTANTE

Pais brilhantes, professores fascinantes

AUGUSTO CURY

Formar crianças e adolescentes sociáveis, felizes, livres e empreendedores é um belo desafio nos dias de hoje. A solidão nunca foi tão intensa: os pais escondem seus sentimentos dos filhos, os filhos escondem suas lágrimas dos pais, os professores se ocultam atrás do giz.

O estresse e a ansiedade fazem parte da rotina de jovens e adultos. A produção de conhecimento se multiplicou, mas as novas gerações não estão sendo formadas para pensar, e sim para repetir informações.

A educação mundial passa por uma crise sem precedentes. Há esperança? Sim! Nesse livro o psiquiatra e cientista Augusto Cury mostra que é preciso cultivar a emoção e expandir a inteligência dos jovens. E, para isso, os pais e professores precisam de ferramentas para estimular as crianças e os adolescentes.

Ele mostra que para fazer a diferença temos de adquirir os sete hábitos dos pais brilhantes e dos professores fascinantes. Além disso, ele chama atenção para os sete pecados capitais dos educadores e ensina dez técnicas pedagógicas que podem revolucionar tanto a sala de aula quanto a de casa.

A quem interessa este livro? Aos pais, aos professores da pré-escola, do ensino fundamental, médio e universitário, aos psicólogos, aos profissionais de recursos humanos, aos jovens e a todos os que desejam conhecer alguns segredos da personalidade e enriquecer suas relações sociais.

A última grande lição

MITCH ALBOM

Cada um de nós teve na juventude uma figura especial que, com paciência, afeto e sabedoria, nos ajudou a escolher caminhos e olhar o mundo por uma perspectiva diferente. Talvez tenha sido um avô, um professor ou um amigo da família - uma pessoa mais velha que nos compreendeu quando éramos jovens, inquietos e inseguros.

Para Mitch Albom, essa pessoa foi Morrie Schwartz, seu professor na universidade. Vinte anos depois, eles se reencontraram quando o velho mestre estava à beira da morte. Com o contato e a afeição restabelecidos, Mitch passou a visitar Morrie todas as terças-feiras, tentando sorver seus últimos ensinamentos.

Durante quatorze encontros, eles trataram de temas fundamentais para a felicidade e a realização humana. Através das ágeis mãos de Mitch e do bondoso coração de Morrie nasceu esse livro, que nos transmite maravilhosas reflexões sobre amor, amizade, medo, perdão e morte.

Com mais de 10 milhões de exemplares vendidos no mundo, esse livro foi o último desejo de Morrie e sua última grande lição: deixar uma profunda mensagem sobre o sentido da vida. Transmitida com o esmero de um aluno dedicado, essa comovente história real é uma verdadeira dádiva para o mundo.

As histórias que me ensinaram a viver

JORGE BUCAY

Demián é um jovem cheio de conflitos e questionamentos. Cansado de terapias convencionais, segue a indicação de uma amiga e procura Jorge, um psicólogo com fama de ser pouco ortodoxo. Já na primeira consulta, Demián percebe que aquela parceria terá um grande futuro.

O método terapêutico de Jorge é peculiar: para transmitir seus ensinamentos e fazer o paciente refletir sobre sua vida a partir de uma perspectiva diferente, ele conta histórias clássicas, populares, antigas, modernas, famosas ou inventadas.

A cada consulta, Demián expõe suas angústias e Jorge responde com um conto que mostra ao jovem como lidar com seus sentimentos e abrir a mente para novas maneiras de encarar os problemas.

De maneira engenhosa, Jorge Bucay cria uma obra brilhante por sua simplicidade. Como o livro é ambientado no consultório do fictício terapeuta, o autor nos transforma em pacientes, pois, junto com Demián, temos a chance de aprender valiosas lições por meio de suas histórias.

Com mais de 6 milhões de livros vendidos, Bucay já inspirou pessoas do mundo todo a se conhecer melhor e a buscar a felicidade. Deixe que a terapia de Jorge o inspire também.

Transformando suor em ouro

BERNARDINHO

Obstinado, persistente, perfeccionista e motivador, Bernardinho se tornou o maior técnico de vôlei da história do Brasil – e um dos grandes treinadores do esporte coletivo em todo o mundo. *Transformando suor em ouro* é a história de Bernardinho contada por ele mesmo, desde os tempos de jogador até a consagração como técnico com o ouro olímpico.

Mais do que relatar uma epopeia esportiva emocionante, o livro apresenta facetas desconhecidas do treinador ao mostrar em detalhes como Bernardinho burilou o método que batizou de Roda da Excelência.

O treinador da seleção brasileira masculina de vôlei revela-se um grande estudioso, um leitor atento dos mestres, tanto do esporte quanto da administração, como John Wooden, Winston Churchill e James Hunter. Retira deles o que cada um tem de melhor e, nas quadras, testa esses ensinamentos, incorporando alguns, descartando outros, adaptando muitos. Bernardinho revela por inteiro o "segredo" que fez dele um dos palestrantes mais requisitados por grandes empresas em busca de um diferencial competitivo no mundo dos negócios.

Oscar Wilde para inquietos

Allan Percy

Oscar Wilde para inquietos é uma aula de filosofia extraída da vida e da obra do consagrado autor de *O retrato de Dorian Gray*. Nas frases ditas por Wilde ou naquelas expressas por seus célebres personagens, encontramos uma ironia única e uma sabedoria imortal que refletem o brilhantismo de um homem que aproveitou ao máximo os prazeres da vida, sem deixar de observá-la criticamente.

Cada capítulo traz uma frase marcante do escritor, que Allan Percy comenta e desenvolve, entrelaçando-a a pensamentos de pessoas renomadas em áreas que vão da dramaturgia à educação, da música à filosofia. São 99 máximas que tratam de assuntos variados, como amor, dinheiro, amizade e convívio social, com uma linguagem clara que põe ao alcance de todos até mesmo a ideia mais refinada.

Você passará a ver o cotidiano sob um novo prisma, irreverente, crítico e, ao mesmo tempo, sofisticado e cheio de esperança.

Kafka para sobrecarregados

ALLAN PERCY

Kafka para sobrecarregados é um curso de filosofia prático e acessível para quem quer extrair o máximo da vida e aprender a lidar com as situações absurdas que o cotidiano nos impõe.

Franz Kafka foi um homem profundamente atormentado. Tímido, oprimido pelo pai e incapaz de lidar com a própria fragilidade, encontrou na arte uma maneira de dar voz à sua dor. Por meio de seus escritos, lançou um olhar tão lúcido a respeito do ser humano que ele é considerado um dos grandes gênios da literatura universal.

Esse livro traz 99 máximas que refletem a essência do pensamento kafkiano, abordando temas como amor, felicidade, realização pessoal, sucesso e o sentido da vida.

Após cada aforismo, Allan Percy comenta, explica e desenvolve o pensamento, mostrando de que forma ele pode ser adaptado à nossa realidade e como pode nos ajudar a sair ilesos das metamorfoses da vida.

O Poder do Agora

Eckhart Tolle

Nós passamos a maior parte de nossas vidas pensando no passado e fazendo planos para o futuro. Ignoramos ou negamos o presente e adiamos nossas conquistas para algum dia distante, quando conseguiremos tudo o que desejamos e seremos, finalmente, felizes.

Mas, se queremos realmente mudar nossas vidas, precisamos começar neste momento. Essa é mensagem simples, mas transformadora de Eckhart Tolle: viver no Agora é o melhor caminho para a felicidade e a iluminação.

Combinando conceitos do cristianismo, do budismo, do hinduísmo, do taoísmo e de outras tradições espirituais, Tolle elaborou um guia de grande eficiência para a descoberta do nosso potencial interior.

Esse livro é um manual prático que nos ensina a tomar consciência dos pensamentos e emoções que nos impedem de vivenciar plenamente a alegria e a paz que estão dentro de nós mesmos.

CONHEÇA OS CLÁSSICOS DA EDITORA SEXTANTE

1.000 lugares para conhecer antes de morrer, de Patricia Schultz

A História – A Bíblia contada como uma só história do começo ao fim, de The Zondervan Corporation

A última grande lição, de Mitch Albom

Conversando com os espíritos e *Espíritos entre nós*, de James Van Praagh

Desvendando os segredos da linguagem corporal e *Por que os homens fazem sexo e as mulheres fazem amor?*, de Allan e Barbara Pease

Enquanto o amor não vem, de Iyanla Vanzant

Faça o que tem de ser feito, de Bob Nelson

Fora de série – Outliers, de Malcolm Gladwell

Jesus, o maior psicólogo que já existiu, de Mark W. Baker

Mantenha o seu cérebro vivo, de Laurence Katz e Manning Rubin

Mil dias em Veneza, de Marlena de Blasi

Muitas vidas, muitos mestres, de Brian Weiss

Não tenha medo de ser chefe, de Bruce Tulgan

Nunca desista de seus sonhos e *Pais brilhantes, professores fascinantes*, de Augusto Cury

O monge e o executivo, de James C. Hunter

O Poder do Agora, de Eckhart Tolle

O que toda mulher inteligente deve saber, de Steven Carter e Julia Sokol

Os segredos da mente milionária, de T. Harv Eker

Por que os homens amam as mulheres poderosas?, de Sherry Argov

Salomão, o homem mais rico que já existiu, de Steven K. Scott

Transformando suor em ouro, de Bernardinho

INFORMAÇÕES SOBRE OS
PRÓXIMOS LANÇAMENTOS

Para saber mais sobre os títulos e autores da EDITORA SEXTANTE, visite o site www.sextante.com.br, curta a página facebook.com/sextante e siga @sextante no Twitter. Além de informações sobre os próximos lançamentos, você terá acesso a conteúdos exclusivos e poderá participar de promoções e sorteios.

Se quiser receber informações por e-mail, basta cadastrar-se diretamente no nosso site ou enviar uma mensagem para atendimento@esextante.com.br

www.sextante.com.br

facebook.com/sextante

twitter: @sextante

EDITORA SEXTANTE
Rua Voluntários da Pátria, 45 / 1.404 – Botafogo
Rio de Janeiro – RJ – 22270-000 – Brasil
Telefone: (21) 2538-4100 – Fax: (21) 2286-9244
E-mail: atendimento@esextante.com.br